民國滬上初版書·復制版

經學通志

錢基博 著

SJPC
上海三聯書店

图书在版编目(CIP)数据

经学通志 / 钱基博著. ——上海:上海三联书店,2014.3
（民国沪上初版书·复制版）
ISBN 978-7-5426-4578-4
Ⅰ.①经… Ⅱ.①钱… Ⅲ.①经学—研究 Ⅳ.①Z126.27
中国版本图书馆 CIP 数据核字(2014)第 029676 号

经学通志
著　　者 / 钱基博
责任编辑 / 陈启甸 王倩怡
封面设计 / 清风
策　　划 / 赵炬
执　　行 / 取映文化
加工整理 / 嘎拉 江岩 牵牛 莉娜
监　　制 / 吴昊
责任校对 / 笑然

出版发行 / 上海三联书店
(201199)中国上海市闵行区都市路 4855 号 2 座 10 楼
网　　址 / http://www.sjpc1932.com
邮购电话 / 021-24175971
印刷装订 / 常熟市人民印刷厂

版　　次 / 2014 年 3 月第 1 版
印　　次 / 2014 年 3 月第 1 次印刷
开　　本 / 650×900　1/16
字　　数 / 200 千字
印　　张 / 16.5
书　　号 / ISBN 978-7-5426-4578-4/G·1315
定　　价 / 86.00 元

經學通志

錢基博著

民国沪上初版书·复制版

出版人的话

如今的沪上，也只有上海三联书店还会使人联想起民国时期的沪上出版。因为那时活跃在沪上的新知书店、生活书店和读书出版社，以至后来结合成为的三联书店，始终是中国进步出版的代表。我们有责任将那时沪上的出版做些梳理，使曾经推动和影响了那个时代中国文化的书籍拂尘再现。出版“民国沪上初版书·复制版”，便是其中的实践。

民国的“初版书”或称“初版本”，体现了民国时期中国新文化的兴起与前行的创作倾向，表现了出版者选题的与时俱进。

民国的某一时段出现了春秋战国以后的又一次百家争鸣的盛况，这使得社会的各种思想、思潮、主义、主张、学科、学术等等得以充分地著书立说并传播。那时的许多初版书是中国现代学科和学术的开山之作，乃至今天仍是中国学科和学术发展的基本命题。重温那一时期的初版书，对应现时相关的研究与探讨，真是会有许多联想和启示。再现初版书的意义在于温故而知新。

初版之后的重版、再版、修订版等等，尽管会使作品的内容及形式趋于完善，但却不是原创的初始形态，再受到社会变动施加的某些影响，多少会有别于最初的表达。这也是选定初版书的原因。

民国版的图书大多为纸皮书，精装（洋装）书不多，而且初版的印量不大，一般在两三千册之间，加之那时印制技术和纸张条件的局限，几十年过来，得以留存下来的有不少成为了善本甚或孤本，能保存完好无损的就更稀缺了。因而在编制这套书时，只能依据辗转找到的初版书复制，尽可能保持初版时的面貌。对于原书的破损和字迹不清之处，尽可能加以技术修复，使之达到不影响阅读的效果。还需说明的是，复制出版的效果，必然会受所用底本的情形所限，不易达到现今书籍制作的某些水准。

民国时期初版的各种图书大约十余万种，并且以沪上最为集中。文化的创作与出版是一个不断筛选、淘汰、积累的过程，我们将尽力使那时初版的精品佳作得以重现。

我们将严格依照《著作权法》的规则，妥善处理出版的相关事务。

感谢上海图书馆和版本收藏者提供了珍贵的版本文献，使"民国沪上初版书·复制版"得以与公众见面。

相信民国初版书的复制出版，不仅可以满足社会阅读与研究的需要，还可以使民国初版书的内容与形态得以更持久地留存。

2014 年 1 月 1 日

經學通志

錢基博著

中華民國二十五年印行

自序

余曩讀唐陸元朗德明經典釋文，敘經學源流，文少波瀾，未足以發人意；又恨其記載疏舛，於魏晉以下不詳。後清儒江藩鄭堂紹述其意，作經師經義目錄，則又膠於門戶，特以清儒承漢學而擯唐宋於不論不議；學術流變之迹，因以不明！爰輯舊聞，簹爲是志。無錫錢基博。

經學通志目錄

經學通志

總志第一

說文：『經，織也。』玉篇：『經緯以成繒布也，』借以爲經綸天下之意。易屯卦象曰：『雷震屯，君子以經綸。』周禮天官太宰『以經邦國。』注：『經，灋也；王謂之禮經，常所秉以治天下也；邦國官府謂之禮灋，常所以守爲灋式也。常者，其上下通名。』釋名：『經，徑也；如徑路無所不通，可常用也。』此經之義也；然古無經之名：伏羲神農黃帝之書，謂之三墳；言大道也。少皞顓頊高辛唐虞之書，謂之五典；言常道也。虞夏商周，雅誥奧義，其歸一揆。八卦之說，謂之八索；求其義也。九州之志，謂之九邱；邱，聚也；言九州所宜，土地所生，風氣所宜，皆聚此書也。周官外史『掌三皇五帝之書，』大都不離所謂墳典者近是。楚左史倚相能讀三墳五典八索九邱，學士大夫所誦習者此耳；時尚未有經名。禮記王制『樂正崇四術，立四教，順先王詩書禮樂以造士。』亦不聞稱詩書禮樂曰『四經』也。經之名見於國語『挾經秉抱。』而孝經鉤命決引孔子曰：『吾志在春秋，行在孝經。』莊子天運篇載『孔子謂老聃曰：『吾治詩書易禮樂春秋六經以爲文。』六經之名始此。然此之所謂六經，卽後世之九經。蓋禮經統三禮，春秋統三傳，而樂經亡佚也。此經稱之見於傳與緯書子書之在西漢以前者也。自漢以後，儒者相傳，俱言五經。而陳後主時，吳中陸元朗德明撰經典釋文，則於五經之外，增入孝經論語老子莊子爾雅五書。其繫孝經論語爾雅於五經之後，或用漢書藝文志六藝略附論語孝經小學之例；而廁以老莊者，蓋老莊自魏晉以來爲士大夫所推尚，德明生於陳季，猶沿六代之餘波也。其書凡三十卷，於諸經皆摘字爲音，惟孝經以童蒙始學，老子以衆本多乖，各摘全句所採漢魏六朝音切，凡二百三十餘家，又兼載諸儒之訓詁，證各本之異同。後儒得以考見古義，其有藉於德明此書者非細也！惟德明繫孝經論語及老莊爾雅於五經之後，則增五經而十矣。唐時立之學官，則省德明之所增，而云九經者，三禮三傳，分而習之，故爲九也。其刻石國子學，則所云九經，并孝經論語爾雅。至宋儒取禮記中之大學中庸，及進孟子以配論語；謂之四書；而十三經之名始立。所謂十四經者，先時嘗併大戴記於十三經末，稱十四經也。其先儒釋經之書，或曰傳，或曰箋，或曰解，或曰學，今通謂之注。聖人著作曰經賢者著述曰傳因記訓曰詁因章句曰注見張華博物志 世所傳者：詩則毛萇傳，鄭玄箋；周禮儀禮禮記則鄭玄注；公羊則何休學；孟子則趙岐注；皆漢人。易則王弼注，繫辭韓康伯注；書則梅賾僞孔安國傳；皆晉人。論語則何晏集解，魏人。左氏則杜預注；爾雅則郭璞注；穀梁則范寧集解；皆晉人。孝經則唐明皇御注。蓋經之注，率成於唐以前，而唐以後諸儒辨釋之書，則名曰正義，今通謂之疏。而創爲正義者，蓋自唐之孔穎達始。據舊唐書儒學傳：『太宗以儒學多門，章句繁雜。詔國子祭酒孔穎達於諸儒譔定五經義疏，凡一百七十卷，名曰五經正義』高宗紀：『永徽四年三月壬子朔，頒孔穎達五經正義於天下；』是也。然世儒或執此以五經正義爲孔穎達作者則又非。新唐書穎達本傳云：『初穎達與顏師古司馬才章王恭王琰受詔譔五經義訓百餘篇；其中不能無謬冗。博士馬嘉運駁正其失。詔更令裁定。未就。永徽二年，詔中書門下與國子三館博士宏文館學士考正之。於是尚書左僕射于志寧右僕射張行成侍中高季輔就加增損。書始布下。』然則五經正義者，蓋孔穎達與諸儒之所共譔，而非一人之書，彰彰明甚。而高宗紀大書特書曰『孔穎達五經正義』者；意者特以孔穎達爲奉詔譔定五經正義之總纂官而遂以尸其名邪？然孔穎達奉詔譔定正義者，但有易書詩禮記春秋左氏傳五經。永徽中，賈公彥始譔周禮儀禮義疏。宋史李至傳：『判國子監，上言：『五經書既已板行。惟二傳二禮孝經論語爾雅七經疏未修。望令直閣崔頤正孫奭崔偓佺等重加讎校以備刊刻。』』而穀梁用唐楊士勛疏；公羊用唐徐彥疏；孝經論語爾雅用宋邢昺疏；孟子用宋孫奭疏。此世所稱十三經注疏也。然宋以前，疏本與注別行；而宋以後，疏遂與注合刊，說經者遂以注疏爲不刊之典。至新喻劉敞原父撰七經小傳三卷，始異注疏之說。七經者，尚書毛詩周禮儀禮禮記公羊傳論語也。宋人說經毅然自異於先儒實自敞始。然敞學有根柢，故能自爲一家之言。後來不能學其深究古義而學其排擊古義，則甚矣其僨也！獨臨卭魏了翁鶴山以說經者但知誦習成言，不能求之詳博；因取諸經注疏之文，據事別類而錄之，謂之九經要義，凡二百六十三卷；殘存周易要義十卷，尚書要義十七卷，儀禮要義五十卷，春秋左傳要義三十一卷；雖主於採掇注疏；然別裁精審，汰其冗文，既使後人不病於蕪雜。而分臚綱目，咸有條貫，可謂剪除枝蔓，獨擷英華；是亦讀注疏者之津梁矣！至清儒華亭吳浩養齋取諸經箋注，標其疑義，撰十三經義疑十二卷；雖於注疏之學，未能貫通融會，而研究考證，具有根柢，亦注疏家之諍臣也。元和惠棟定宇乃究探諸經古義於注疏未出之前，撰成周易尚書毛詩周禮儀禮禮記左傳公羊穀梁論語十經古義二十二卷。其左傳六卷後更名曰補注刊板別行 蒐採舊文，互相參證；曰古義者，蓋漢儒專門訓詁之學，得以考見於今者也。古者漆書竹簡，傳寫爲艱，師弟相傳，多由口授，往往同音異字，輾轉多歧。又六體孳生，形聲漸備，毫釐辨別，後世乃詳；古人字數無多，多相假借，沿流承襲，遂開通假一門。談經者不考其源，每以近代之形聲，究古書之義旨，穿鑿附會，糾結不通；故讀古人之書，則當先通古人之字，庶明其文句而義理可以漸求。棟作是書，證佐分明，斯稱精核，庶幾哉可謂抗心希古，直抉經奧者！若乃勘文字之異同，校刻本之是非；則有儀徵阮元芸臺之撰十三經注疏校勘記二百四十三卷焉。雖然，六藝經傳以千萬數，要其歸則不外五帝之道，六藝之教。禮記經解：「孔子曰『溫柔敦厚，詩教也。疏通知遠，書教也。廣博易良，樂教也。潔淨精微，易教也。恭儉莊敬，禮教也。屬辭比事，春秋敎也。』」史記自序曰：『易著天地陰陽四時五行，故長於變。禮經紀人倫，故長於行。書記先王之事，故長於政。詩紀山川谿谷禽獸草木牝牡雌雄，故長於風。樂樂所以生，故長於和。春秋辨是非，故長於治人。是故禮以節人，樂以發和，書以道事，詩以達意，易以道化，春秋以道義。』漢書藝文志曰：『六藝之文，樂以和神，仁之表也。詩以正言，義之用也。禮以明體，明者著見，故無訓也。書以廣聽，知之術也。春秋以斷事，信之符也。五者蓋五常之道，相須而備，而易爲之原。』白虎通五經論曰：『經所以有五何？經，常也；有五常之道，故曰五經。樂仁，書義，禮禮，易智，詩信也。』然則經雖有九經十三經十四經之名，而究其要歸，不外五常之道，六藝之敎而已，則亦何居乎後世九經十三經十四經之喋喋也！不知六經六藝之名，由來久遠，不可以肊增益。善夫！劉向之爲七略也，班固仍之，造藝文志，序六藝爲九種：有經，有傳，有記，有羣書，傳則附於經，記則附於經，羣書頗關經，則附於經。何謂傳？書之有大小夏侯歐陽傳也，詩之有齊魯韓毛傳也，春秋之有公羊穀梁左氏鄒夾氏亦傳也。何謂記？大小戴氏所記凡百三十有一篇，是也。何謂羣書？易之有淮南道訓古五子十八篇，羣書之關易者也。書之有周書七十一篇，羣書之關書者也。春秋之有楚漢春秋太史公書，羣書之關春秋者也。然則禮之有周官司馬法，羣書之頗關禮者也。皆以附於所傳所記或所關之經而不別著焉，何居乎後世九經十三經十四經之喋喋也。或以傳爲經。公羊爲一經，穀梁爲一經，左氏爲一經。審如是，則韓亦一經，齊亦一經，魯亦一經，毛亦一經，可乎？歐陽一經，兩夏侯各一經，可乎？易有三家，禮分慶戴，春秋之有鄒夾，漢世總古今文爲經當十有八，何止十有三？如其可也，則後世名一家說經之言甚衆，經當以百數。或以記爲經。大小戴二記畢稱經。夫大小戴二記，古時篇篇單行；然則禮經外當有百三十一經。或以羣書爲經。周官晚出，劉歆始立。劉向班固灼知其出於晚周先秦之士之掇拾舊章所爲；附之於禮，等之於明堂陰陽而已。後世稱爲經。是爲述劉歆，非爲述孔氏。善夫！劉氏之序六藝爲九種也！有苦心焉！斟酌盡善焉！序六藝矣，七十子以來，尊論語而譚孝經，小學者；蓋六經之戶樞也。小學者，所以明六經之訓詁。論語述夫子之言行。孝經則再傳門人之所述，然夫子曰：「吾……行在孝經。」故不敢以夷於記，夷於羣書也。然又非傳。於是以三種爲經之貳，而廁諸六藝之後。然序類有九而稱藝爲六；雖爲經之貳，而仍抑之不與經齊。顧後世又以論語孝經爲經。假使論語孝經可名經，則向早名之；且曰序八經，不曰序六藝矣。於戲！仲尼好古，述而不作；曷嘗奐然大號使弟子筆其言以自制一經哉！經之爲言常也。古之所謂經，乃三代盛時典章法度常所秉守，見於政敎行事之實，而非聖人有意作爲文字以傳後世也。後世以傳爲經，以記爲經，以羣書爲經，以經之貳爲經，猶以爲未快意。或以諸子爲經；孟子是也。或以經解爲經；爾雅是也。蓋經之書彌多而經之旨彌荒。春秋三家之傳，周官二戴之記，後之讀者，倘藉以闚見三代政敎行事得失之迹，而無大悖於經綸天下之意；廁之於經，猶可言也。至孟子爲儒家之著述。爾雅則經傳之釋詞。倘以此爲六經之羽翼則可；而逕廁於六經則荒矣！謹撰次衆說；條其原委，而析衷以劉子政氏序六藝之義。篹總志第一。

周易志第二

宓戲氏仰觀象於天，俯觀法於地，觀鳥獸之文與地之宜，近取諸身，遠取諸物，於是始作八卦以通神明之德，以類萬物之情。至於殷周之際，紂在上位，逆天暴物；文王以諸侯順命而行道，天人之占可得而效，於是重易六爻，作上下篇。孔子爲之彖象繫辭文言序卦之屬十篇。故曰：『易道深矣！人更三聖，世歷三古。』所謂易者何也？曰：易之爲言變也。易窮則變，變則通，通則久，是以自天祐之吉无不利。謂之『易』者，所以明世道窮變通久之必然。而繫以『周』者，所以明世變剝復循環之有常。周之爲言周也，周而復始也。孔子繫泰之九三曰：『无平不陂，无往不復；』彖復見天地之心；而作序卦以序六十四卦相次之義，泰之受以否也，剝之窮以復也，損而不已必益，升而不已必困，如此之類，原始要終，罔不根極於復；所以深明易道之周也。『周』有原始反終之義。而周易以純乾爲首。乾，健也，爲天；天行不息，周天三百六十五度四分度之一，一日一夜，行一周，復其故處，日東行一度。乾道之變，天行之復也。孔子以詩書禮樂敎弟子，蓋三千焉。而受易者獨稱商瞿。商瞿，魯人，字子木，少孔子二十九歲。孔子傳易於瞿。瞿傳魯人橋庇子庸。子庸傳江東馯臂子弓。子弓傳燕周醜子家。子家傳東武孫虞子乘，子乘傳齊田何子裝。史記仲尼弟子列傳曰瞿傳楚人馯臂子弘弘傳江東人矯子庸疵疵傳燕人周子家豎豎傳淳于人光子乘羽羽傳齊人田子莊及秦禁學易爲筮卜之書，獨不禁，傳受者不絕也。漢興，田何以齊田徙杜陵，號杜田生；傳東武王同子中，洛陽周王孫，丁寬，齊服生，皆著易傳，而王氏周氏服氏各二篇；獨丁氏八篇，見漢書藝文志。要言易者本之丁寬。寬字子襄，梁人也。初梁項生從田何受易時寬爲項生從者，讀易精敏，財過項生；遂事何。學成，何謝寬；寬東歸，何謂門人曰：『易已東矣！』寬至雒陽，復從周王孫受古義，號周氏傳。景帝時，爲梁孝王將軍，距吳楚，號丁將軍；作易說三萬言，訓故舉大義而已；不言陰陽災變也。寬傳同郡碭田王孫。王孫傳施讎孟喜梁邱賀；由是易有施孟梁邱之學焉。施讎，字長卿，沛人也；與孟喜梁邱賀從田王孫受易。謙讓，常稱學廢，不敎授。及梁邱賀貴仕，事多，迺遣子臨分將門人河內張禹子文等從讎問。讎自匿不肯見；賀固請，不得已，乃授臨等。於是賀薦讎結髮事師數十年，賀不能及！詔拜博士，與五經諸儒雜論同異於石渠閣。讎傳張禹及瑯邪魯伯；禹傳淮陽彭宣子佩，沛戴崇子平；魯伯傳太山毛莫如少路，瑯邪邴丹曼容；而禹官丞相宣官大司空皆至大官，其知名者也。由是施家有張彭之學。梁邱賀，字長翁，瑯邪諸人也；從大中大夫京房受易。房者，淄川楊何叔元弟子也。何者，嘗受易東武王同子中，有易傳二篇見漢書藝文志；蓋易家之初立博士者；太史公司馬談及京房咸從受易焉。房出爲齊郡太守。賀更事田王孫。宣帝時，聞京房爲易明，求其門人，得賀，以爲郎；以筮有應，近幸；累官少府；傳子臨。臨又學於施讎，而專行京房法；以郎奉使，問諸儒於石渠。瑯邪王吉通五經，聞臨說，善之，乃使其子郎中駿上疏從臨受易。臨傳五鹿充宗君孟。充宗官少府，貴幸，爲梁邱易。自宣帝時，善梁邱賀說；元帝好之，欲考其異同，令充宗與諸易家論。充宗乘貴辯口，諸儒莫能與抗，皆稱疾不敢！獨魯朱雲游從博士白子友受易，攝齊登堂，抗首而請，音動左右；既論難，連拄五鹿君；故諸儒爲之語曰：『五鹿嶽嶽！朱雲折其角！』然不詳誰家？而五鹿充宗略說三篇，見漢書藝文志；充宗傳光祿大夫平陵士孫張仲方，眞定太守沛鄧彭祖子夏，王莽講學大夫齊衡咸張賓。由是梁邱有士孫鄧衡之學。孟喜，字長卿，東海蘭陵人也；從田王孫受易；傳易家候陰陽災變書，言『師田生且死時，枕喜膝，獨傳喜；』蓋十二月卦之學所自出焉。諸儒以此耀之！同門梁邱賀疏通證明之曰：『田生絕於施讎手中時，喜歸東海，安得此事！』於是傳者以爲喜誕詐也！又蜀人趙賓好小數書，後爲易，飾易文，以爲：『箕子明夷，陰陽氣亡箕子；箕子者，萬物方荄茲也。』賓持論巧慧，易家不能難，皆曰『非古法也；』云受孟喜。喜爲名之。後賓死，莫能持其說；喜因不肯仞，以此不見信。博士缺，衆人薦喜。上聞喜改師法，遂不用喜。喜傳同郡白光少子，沛翟牧子兄，皆爲博士。由是孟喜有翟白之學。孟喜之學，雖與施梁讎不同；然要爲田王孫之所自出；獨京房之易爲別出！京房，字君明，東郡頓邱人也；累官魏郡太守，蓋匪傳梁邱賀易之齊郡太守京房，治易，事梁人焦延壽贛。延壽云：『嘗從孟喜問易；』會喜死，房以爲延壽易卽孟氏學。翟牧白光不肯，皆曰『非也！』至成帝時，光祿大夫劉向校經傳諸子，考易說，以爲諸家易說皆祖田何楊叔丁將軍，大誼略同。惟京氏爲異，倘焦延壽獨得隱士之說，托之孟氏，故不與相同。』然考孟喜學田王孫，言師田生且死，傳喜之易家候陰陽災變書，或者卽延壽之所本也？延壽著易林十六卷，大抵卽易家候陰陽災變之書；以一卦演六十四卦，總四千九十六卦，各繫以繇詞，文句古奧，與左氏傳載『鳳皇于飛，和鳴鏘鏘，』漢書載『大横庚庚，予爲天王』之語絕相類。惟延壽生當昭宣之世，其時左氏未立學官；今易林引左氏語甚多，又往往用漢書中事，至云『劉季發怒，命滅子嬰，』又曰：『大蛇當路，使季畏懼，』寧漢人所宜言者耶？疑是東漢以後人撰，而托之延壽者？然漢易之流爲術數，自延壽始也！顧延壽常曰：『得我道以亡身者京生也！』其說長於災變，分六十四卦，更直日用事，以風雨寒溫爲候，各有占驗。房傳延壽之學，故言術數者稱焦京。而房之推衍災祥，更精於延壽；卒以誅死！其著書見於漢書藝文志隋書經籍志者，有孟氏京房十一篇，災異孟氏京房六十六篇，京氏段嘉十二篇，章句十卷，占候十種七十三卷。唐以後多佚不傳；今傳者曰京氏積算易傳三卷。其書兆乾坤之二，觀象成八卦；卦凡八變，六十有四；於其往來升降之際，以消息盈虛於天地之元，而酬酢乎萬物之表，炳然在目也！大抵辨三易，運五行，正四時，謹二十四氣，悉七十二候，而位五星，降二十八宿；其進退以幾而爲一卦之主者，謂之世；奇耦相與，據一以超二而爲主之相者，謂之應；世之所謂位，而陰陽之肆者，謂之飛；陰陽肇乎所配，乾與坤震與巽坎與離艮與兌而終不脫乎本，以飛某卦之位乃伏某宮之位以隱賾佐神明者，謂之伏；起乎世而周乎內外，參乎本數以紀月者，謂之建；終終始極乎數，而不可窮以紀日者，謂之積含。於中而以四爲用一卦備四卦者謂之互乾建甲子於初坤建甲午於上八卦之上乃生一世之初初一世之五位，乃分而爲五世之位；其五世之上，乃爲游魂之世；五世之初，乃爲歸魂之世；而歸魂之初，乃生後卦之初。其建，剛日則節氣，柔日則中氣。其數，虛則二十有八，盈則三十有六。蓋後世術士所用世應飛伏游魂歸魂納甲之說，皆出京房。房傳東海殷嘉，河東姚平，河南乘弘，皆爲郎博士。由是易有京氏之學。京氏易於元帝之世，與施孟梁邱氏並列學官；而民間有費高二家之說。費高者，費直高相也。費直，字長翁，東萊人，治易，長於卦筮，亡章句，徒以彖象繫辭十篇文言解說上下經。然劉向以中古文易經校施孟梁邱易，或脫去『无咎』『悔亡』；唯費直易與古文同。自是費直易號古文之學，與施孟梁邱之稱今文者不同。高相，沛人也，治易，與費直同時，專說陰陽災異，自言出於丁將軍，其學亦無章句。而施孟梁邱氏各有章句二篇，見漢書藝文志。既炎漢祚絕，世祖重光，好愛經術，儒彥雲從；於是立五經博士。易有施孟梁邱京氏，各以家法教授；而京氏之易極盛焉。蓋東漢之世，治施氏易有聞者，僅陳留劉昆父子而已！昆，字桓公；平帝時，受施氏易於沛人戴賓能；王莽世，教授弟子，恆五百餘人；世祖興，累官光祿勳，授皇太子及諸王小侯五十餘人；傳子軼，字君文，能世其學，門徒亦盛；然知名之士無聞焉！此治施氏易者也。治梁邱易者，曰代郡范升辨卿，與博士梁恭，山陽太守呂羌俱修梁邱易；世祖徵拜議郎，遷博士；自以學不如梁恭呂羌，願推博士以避二人。世祖不許；然由是重之。尚書令韓歆疏請爲費氏易左氏春秋立博士；詔范博士可前平說；遂與歆等駁難，日中乃罷。升退而奏曰：『近有司請置京氏易博士，羣下執事莫能據正。京氏既立，費氏怨望，京費已行，次復高氏，並復求立，各有所執。今費氏學無有本師，而多反異。先帝前世有疑於此，故京氏雖立，輒復見廢。疑道不可由！疑事不可行！』費氏易以此不得立博士！而升弟子知名者，曰京兆楊政子行，少從升受梁邱易，善說經書；京師爲之語曰：『說經鏗鏗楊子行；』教授數百人，累官左中郎將。又有潁川張興君上者，習梁邱易以教授；世祖興，舉孝廉，爲郎，累拜太子少傅；顯宗數訪問經術。既而聲稱著聞，弟子自遠至者，著錄且萬人，爲梁邱家宗。時則中興之初，而三君之外，終東漢，治梁邱易者無聞！治孟氏易者，曰南陽洼丹子玉，世傳孟氏易。王莽時，常避世教授，專志不仕，徒衆數百人。世祖興，爲博士，稍遷爲大鴻臚，作易通論七篇，世號洼君通。安定梁竦叔敬，中山鮭陽鴻孟孫，亦以孟氏易教授有名稱。汝南袁安邵公者，祖父良習孟氏易；安傳其學；肅宗之世，累拜司徒，以直節著聞於朝。子京，字仲譽，敬，字叔平，傳習父業；而京作難記三十萬言，其尤知名者也！東漢之末，有廣漢任安定祖者，少遊太學，受孟氏易，兼通數經；又從同郡楊厚學圖讖，究極其術。時人稱曰：『居今行古任定祖。』初任州郡，後大尉再辟，除博士，公車徵，皆不就。益州牧劉焉表薦之；然王塗阻塞，詔命竟不至焉！治京氏易者最多；大抵世祖之世，曰汝南戴憑次仲，沛獻王輔；顯宗之世，曰南陽魏滿叔牙；恭宗之世，曰琢郡崔瑗子玉，廣漢折像伯式，北海郎宗仲綏，南陽樊英季齊，李昌子然，豫章唐檀子產；順帝之世，曰北海郎顗雅光，汝南許峻季山；桓帝之世，曰弘農劉寬文饒，濟陰孫期仲彧，皆有名；而樊英著易章句，世稱樊氏學。唐檀著書二十八篇，名爲唐子。許峻卜占，多有顯驗，時人方之前世京房；所著易林，行於世，或者卽焦氏易林之所譌也？世之言占候者，率治京氏焉。夷考光武之世，劉昆之傳施氏，范升之明梁邱，洼丹之通孟氏，戴憑之說京氏，皆譚易之宗，時主所重！獨蒼梧陳元長孫，海南鄭衆仲師，皆傳費氏易。其後扶風馬融季長，亦爲其傳，融授北海鄭玄康成。玄初從弟五元先受京氏易，又從融受費氏易，故其學出入於兩家；然要其大旨，費義居多；而謂『乾坤六爻上繫二十八宿依氣而應，謂之爻辰；』則費氏易之所無也。然玄又喜言十二消息卦，則其說出於孔門。繫辭傳云：『往者屈，來者信，』『原始反終，通乎晝夜之道，』蓋言消息者之所本也。同時潁川荀爽慈明以碩儒作易傳，據爻象承應陰陽變化之義，以十篇之文解說經意，亦宗費氏而言消息。自是費氏興而京氏遂衰！馬融有周易注一卷；鄭玄有周易注九卷；荀爽有周易注十一卷；見隋書經籍志。蓋漢之言易學者，楊何最先立博士，然最早衰！至東漢之興，京氏易後來居上，而施孟梁邱三家先後衰！費氏興而京氏亦衰！其大較然也。東漢之末，荆州牧山陽劉表景升亦有周易章句五卷，見隋書經籍志；而表之學，實受於同郡王暢叔茂。暢之孫曰粲者，遭漢亂，與族兄凱俱避地荆州。劉表欲以女妻粲，而嫌其形陋用率；以凱有風貌，乃以妻凱。凱生業，即劉表外孫也；有子曰弼，字輔嗣，幼而察惠，蓋以注易著聞魏朝，凡易注六卷，易略例一卷。自鄭玄傳費直之學，始析易傳以附經；

至弼又更定之。玄本大約如今之乾卦；其坤卦以下，又弼所割裂。然鄭玄易注，至北宋尚存一卷；崇文總目稱存者爲文言說卦序卦雜卦四篇；則玄本尚以文言自爲一傳；所割以附經者，不過彖傳象傳；今本乾坤二卦各附文言，知全經皆弼所更定，非鄭玄之舊也。弼之說易，稱出費直；直易今不可見；然荀爽易，即費氏學；唐李鼎祚周易集解尚頗載其遺說，大抵究爻位之上下，辨卦德之剛柔，已與弼注略近；但弼全廢象數，又變本加厲。平心而論：易本卜筮之書，故末派寖流於讖緯；王弼乘其極敝而攻之，遂能排擊漢儒，自標新學；然闡明義理，使易不雜於術數者，弼實不爲無功；而祖尚虛無，使易竟入於老莊者，弼亦不能無過；瑕瑜不掩，斯爲定評！魏朝之明易者，王弼而外，司徒東海王朗景興，嘗著易傳；子肅子雍，因撰定，成周易注十卷，隋書經籍志所著錄，是也。然肅善馬融之學，而不好鄭玄。時樂安孫炎叔然，則受學鄭玄之門人，稱東州大儒，作周易例。肅作聖證論以譏短玄；炎駁而釋焉。然馬鄭不同，要其言易，本之費氏。獨平原管輅公明，善筮卦風角之占，或者本之京氏？據管辰敍稱每觀輅書傳惟有易林風角……昔京房雖善卜及風律之占……世人多以輅疇之京房見裴松之三國志本傳注引輅別傳南陽何晏平叔請共論易，曰：『君論陰陽，此世無雙！』時鄧颺玄茂在晏許言：『君見謂善易，而語不及易，何也？』輅尋聲答曰：『善易者不論易也！』魏之易博士曰淳于俊，魏帝高貴鄉公常就問易曰：『孔子作彖象，鄭玄作注，聖賢不同，釋經一也；今彖象不與經文連，而注連之，何也？』俊對曰：『鄭玄合彖象於經，欲學者尋省易了也。』帝曰：『若鄭玄合之，於義誠便，則孔子曷爲不合以了學者乎？』俊對曰：『孔子恐與文王相亂，此聖人以不合爲謙。』帝曰：『鄭玄何獨不謙耶？』俊不對。蓋魏博士之治易，善鄭氏學者也。蜀博士之治易，善鄭氏學者，曰南陽許慈仁篤，子勛傳其業；然僑士也！蜀士之易學，蓋始於廣漢任安之習孟氏；弟子知名者，曰梓潼杜微國輔；曰蜀郡杜瓊伯瑜。然瓊好圖讖，而不言易；巴西譙周允南傳其學焉。吳士之善易者，曰會稽虞翻仲翔，曰吳郡陸績公紀。翻有周易注九卷，績有周易注十五卷，具見隋書經籍志。然翻之先世本治孟氏易，而績之注則採諸京氏易傳者爲多。績年輩差晚；而翻舊齒名盛，說易專取旁通與之卦。旁通者，乾與坤，坎與離，艮與兌，震與巽，交相變也。之卦則以兩爻交易而得一卦；消息六爻，發揮旁通。與魯國孔融文舉書，示以所著易注。融答書曰：『自商瞿以來，舛錯多矣！去聖彌遠，衆說騁辭！曩聞延陵之理樂，今覩吾子之治易，乃知東南之美者，非徒會稽之竹箭。』然翻自稱傳孟氏易，而說『七日來復，』不言六日七分，則亦不盡用孟氏易也。廣陵張紘子綱，名輩不後虞翻，而治京氏易則同陸績。又汝南程秉德樞者，逮事鄭玄；吳大帝聞其名儒，徵拜太子太傅；著周易摘商，蓋費氏之支流餘裔矣！大抵三國之世，北士傳馬鄭而習費易，而吳蜀則守孟京而薄馬鄭。虞翻初立易注，奏稱：『潁川荀諝號爲知易，臣得其注，顚倒反逆，有可怪笑！馬融所解，復不及諝，若乃鄭玄，雖各立注，未得其門。』荀諝，荀爽之別名也。此可以覘三國南北學之殊風焉。然南北學亦何常之有！費易大興而孟京不能不廢！梁邱施氏亡於西晉。孟氏京氏雖有其書；而明京氏易者，西晉惟弘農董景道文博；東晉惟新蔡干寶令升而已！寶有周易注十卷，見隋書經籍志。孟氏之易無聞，而費氏之學又分鄭玄王弼兩家。元帝中興，江左議爲王弼易置博士；獨太常潁川荀崧景猷以爲不可，請爲鄭玄易置博士。自是易有鄭玄王弼二博士。然有晉始自中朝，迄於江左，莫不崇飾老莊，祖述虛玄，擯闕里之經典，習正始之餘論。王弼生當正始，辭才逸辯，老學實爲宗師；而明易亦造玄論，風流所仰，學者宗焉！惟弼注者，僅上下經；而韓繫辭說卦雜卦序卦注者，其門人韓康伯也。自是王注行而鄭學亦衰！河南及青齊之間，儒生多講王注，師訓蓋寡；奚論江左！自跖拔魏之末，大儒華陰徐遵明子判門下，講鄭玄所注周易。遵明以傳范陽盧景裕仲孺。景裕傳權會郭茂。權會早入鄴都；郭茂恆在門下教授其後河朔言易者，多出郭茂之門。大抵南北所爲章句，河洛周易則鄭玄，江左則王弼，好尚互有不同。獨晉揚州刺史晉陵顧悅之君叔有周易難王輔嗣義一卷四十餘條。齊國子博士吳郡陸澄彥深與尚書令瑯邪王儉仲寶書，陳：『王弼注易，玄學所宗。今若弘儒，鄭不可廢！』儉答『易體微遠，實貫羣籍；豈據小王，便爲該備！依舊存鄭，高同來說。』可謂矯矯南士之不羣者也！然梁陳之世，鄭玄仍得與王弼注並列學官。南齊惟傳鄭義。至隋平江南，王注乃盛河朔；然鄭義不廢！既隋氏道消，唐代應運，詔孔穎達等撰定周易正義；然後專崇王注而衆說皆廢！序稱：『漢儒傳易者，西都則有丁孟京田。東都則有荀劉馬鄭，大體更相祖述，非有絕倫。惟魏世王輔嗣注，獨冠古今；所以江左諸儒，並傳其學，河北學者罕能及之！其江南義疏十有餘家，皆辭尚虛玄，義多浮誕。原夫易理難窮，雖復玄之又玄；至於垂範作則，便是有而教有。若論住內住外之空，就能就所之說，斯乃義涉於釋氏，非爲教於孔門也！』所以抨江南諸家者，斯亦允矣！雖然吾觀孔穎達者，徒知釋氏之義不涉易，而不知王注之辭亦尙玄！徒知江南義疏諸家之辭尙虛玄，義多浮誕；而不知王注爲玄學之宗，江南諸家之所自出也！顧謂『義理可詮，先以輔嗣爲本』，寧必爲達識乎！雖然；唐之易家，有期詮義理而用王弼者，孔穎達之周易正義是也。有旁通象數而採虞翻者，李鼎祚之周易集解是也。一爲三國之魏學。一爲三國之吳學。一開宋儒胡程之先，一植淸學惠張之基。蓋李鼎祚周易集解凡十七卷，仍用王弼本；惟以序卦傳散綴六十四卦之首，蓋用毛詩分冠小序之例；所採凡子夏孟喜焦贛京房馬融荀爽鄭玄劉表何晏宋衷虞翻陸績干寶王肅王弼姚信王廙張秀王凱沖侯果蜀才翟元韓康伯何妥崔憬沈驎士盧氏崔覲伏曼容孔穎達姚規朱仰之蔡景君等三十五家之說；而採虞翻尤多。其所自爲說，則純似翻；將欲以刊輔嗣之野文，補康成之逸象，而不採玄爻辰之說；自序謂『王鄭相沿，頗行於代。鄭則多參天象，王乃全釋人事。且易之爲道，豈偏於天人哉！』則是於鄭王皆有不足，而博採諸家以爲折衷也。其有拾遺補闕，而搜孔李所未採者，則有史徵之周易口訣義凡七卷；自序云：『但舉宏機，纂其樞要，先以王注爲宗，後約孔疏爲理。』然中如乾象引周氏說；乾大象革彖引宋衷說；屯彖引李氏說；師彖漸九五引陸績說；師六五坎大象引莊氏說；謙六五引張氏說；賁大象引王廙說；頤大象引荀爽說；坎上六引虞氏說；咸大象井大象鼎彖引何妥說；萃彖困大象引周宏正說；升彖漸彖引褚氏說；震九四兌大象引鄭衆說；漸大象引侯果說；多出孔穎達疏及李鼎祚集解之外；蓋唐去六朝未遠，隋書經籍志所載諸家之書，猶有存者；故徵得以旁蒐博引；雖有文義間涉拙滯；而唐以前解易之書，子夏傳既多屬僞撰；鄭玄陸績注爲後儒輯佚，亦非完書；其實存於今者，京房王弼孔穎達李鼎祚四家及史氏此書而五耳！固稽古者所宜珍也！惜李史二氏，新舊唐書并無傳，其人本末不詳耳！此唐代易學之要刪也！然自唐代以王弼注定爲正義，於是學易者專言名理。惟李鼎祚集解不主弼義，博採諸家，以爲『刊輔嗣之野文，補康成之逸象；』而後來經生，不能盡從其學。宋儒若胡瑗程子，言理精粹，自非晉唐諸儒可及；然於象亦闕焉不詳！獨金華鄭剛中亨仲著周易窺餘十五卷，兼收漢學，凡荀爽虞翻干寶蜀才九家之說，皆參互考稽，不主一家；其解義間異先儒，而亦往往有當於理；雖其人附和秦檜，公論不予；然闡發經義，則自出新義，具有理解；要爲易家所不廢也！又古易本十二篇，自費直鄭玄以至王弼，遞有移掇；孔穎達因弼本而作正義，行於唐代；古易自此不復存！宋呂大防仲微始考驗舊文，作周易古經二卷；其後鉅野晁說之以道作古易十二卷，永嘉薛季宣士龍作古文周易十二卷，餘姚程迥可久作古周易一卷，丹陵李燾仁甫作周易古經八篇，岷山吳仁傑斗南作古周易十二卷，金華呂祖謙伯恭作古周易一卷，大致互相出入；獨祖謙書最晚出而較有據，凡分上經，下經，彖上傳，彖下傳，象上傳，象下傳，繫辭上傳繫辭下傳，文言傳，說卦傳，序卦傳，雜卦傳，爲十二篇。朱子嘗爲之跋，後作本義，即用祖謙而不用王弼焉。然唐代雖定王弼注爲正義，而新唐書藝文志著錄玄注十卷，是唐時王學盛行，而鄭注未墮地也！至北宋尚存玄注文言序卦說卦雜卦四篇一卷，見崇文總目；而淳熙以後，諸儒罕所稱引，蓋亡於南宋之初也。慶元王應麟伯厚獨能於散佚之餘，旁摭諸書，輯周易鄭康成注一卷，蒐羅放失，以存漢易之一線；經文異字，亦皆並存；其無經文可存者，則總錄於末簡；又以玄注多言互體，幷取左傳禮記周禮正義中論互體者八條以類附焉；可謂篤志遺經，研心古義者矣！此宋儒之整理古易，則有然者。雖然，宋儒易學之所以獨成宋儒者不在此！蓋宋儒易學之自名一家者甚衆；然要其大別，不外象數義理二宗。而泰州胡瑗翼之，開宋儒義理說易之先河。范陽邵雍堯夫，爲宋儒象數說易之大宗。漢儒言易本多主象數；至宋儒言易，而象數之中，復歧出圖書一派。此派蓋大昌於邵雍，而造端於彭城劉牧長民者也。牧之學，出於洛陽种放名逸；放出亳州陳摶圖南，其淵源與邵雍同；而以九爲河圖，十爲洛書，則與雍異；著易數鉤隱圖三卷，附遺論九事一卷；其學盛行於仁宗時，黃黎獻作略例隱訣，吳祕作通神，休寧程大昌泰之作易原，皆發明牧說。至建陽蔡元定西山，則以爲與孔安國劉歆所傳不合；而以十爲河圖，九爲洛書。朱子從之，著易學啓蒙。自是以後，言圖書者，皆宗朱蔡；而牧之圖幾廢焉！然圖書之學，劉牧實爲別傳，而邵雍乃其正宗。雍之子曰伯溫子文者，著易學辨惑一卷，中敍傳授本末，謂：『雍易受於靑社李之才挺之；之才師鄆州穆修伯長；修師陳摶。』則是陳摶者，宋儒圖書說易之祖師也。然宋儒之有陳摶邵雍，猶漢學之有孟京，所謂易外別傳者也！顧或者謂：『陳摶以先天圖傳种放，更三傳而至邵雍。放以河圖洛書傳李溉，更三傳而至劉牧。穆修以太極圖傳周敦頤，再傳至程顥程頤。厥後雍得之以著皇極經世，牧得之以著周易鉤隱圖，周敦頤得之以著太極圖說通書，頤得之以述易傳。』據朱震漢上易集傳卦圖之說云爾；其說頗爲後人所疑。而朱子亦謂『程子之學，源於周子。』然考之程子易傳，無一語及太極；而於觀大畜夬漸諸卦，云『予聞之胡翼之先生，』『予聞之胡先生曰』者不一而足。則是程子之學，源於胡瑗，而於周敦頤無徵也。倪天隱述其師胡瑗之說，有周易口義十二卷；其說易以義理爲宗；而程子不信邵雍之數。故邵子皇極經世，以數言易；而程子著易傳四卷，則黜數而崇理，於胡瑗爲近；其書以序卦分置諸卦之首，依李鼎祚集解例，而用王弼注本，但解上下經及彖象文言，亦與王弼注同。朱子周易本義，初亦用王弼本，後以呂祖謙古周易爲本，然大指仍略同王弼而加詳焉；首列九圖，末著揲法，大略兼義理占象而言；附以易學啓蒙一卷，曰本圖書，原卦畫，明蓍策，考變占，凡四篇，殆折衷理數二家之說而無所偏廢者乎！蒲江魏了翁鶴山，蓋問業於朱子之門人建昌李燔敬子趙州輔廣漢卿者；嘗言：『辭變象占，易之綱領；而繇彖爻之辭，畫爻位虛之別，互反飛伏之說，乘承比應之例一有不知,則義理闕焉!』其大旨主於以象數求義理,折衷於漢學宋學之間;輯周易要義十卷雖主於王注孔疏,而採摭謹嚴,別裁精審,可謂剪除支蔓,獨擷英華者矣!雖然,宋儒易學亦有不言理,不言數,而但言事者;上虞李光泰發讀易詳說十卷,吉水楊萬里誠齋易傳二十卷,其最著者也。光之書,於卦爻之詞,皆引證史事;蓋援古事以證爻象,始自鄭玄;若全經皆證以史,則光書其始也。萬里之書,大旨本程子易傳,而參引史事以證之;則同李光;初名易外傳,宋代書肆嘗與程傳並刊,謂之程楊易傳。顧宋儒詆之者夥,以爲足以聳文士之觀瞻,而不足以服窮經士之心!然聖人作易,本以吉凶悔吝明人事,使天下萬世無不知所從違;非徒使上智者矜談妙悟,如佛家之傳心印,道家之授丹訣;自譚易者推闡性命,句稽奇偶,其言愈微妙,而於聖人立教牖民之旨愈南轅而北轍!箕子之貞,鬼方之伐,帝乙之歸妹,孔子繫辭,何嘗不明證史事!依此而推,三百八十四爻可以例舉矣!舍人事而談天道,正後儒說易之病;未可以引史證經爲二家病!此一派也。又有不言理數,亦不言事,而言心性者;慈谿楊簡敬仲易傳二十卷,寧德王宗傳景孟童溪易傳三十卷,其最著者也。簡之學出金谿陸九淵子靜，故其解易惟以人心爲主。蓋自漢以來，以玄空說易，始魏王弼；而以心性說易，始王宗傳及簡。宗傳之論有『性本無說，聖人本無言』之語，與簡文旨相同。夫弼易祖尙玄虛以闡發義理；漢學至是而始變！宋儒掃除古法，實以王注爲藍本。然胡瑗程子祖其義理而歸諸人事，故似淺近而醇實；宗傳及簡祖其玄虛而索諸性天，故似高深而幻窅。此又一派也。然論宋儒易學者，要以程子易傳朱子易本義爲大宗。臨海董楷正叔者，朱子再傳弟子也；嘗輯周易傳義十四卷，合程子傳朱子本義爲一書，而采二子之遺說，附錄其下，意在理數兼通。惟程子傳用王弼本；而朱子本義則用呂祖謙古周易本；楷以程子在前，遂割裂朱子之書，散附程傳之後，而朱子所定之古文，仍復淆亂！迨明之成祖，命行在翰林學士胡廣等纂周易大全，卽以楷書爲底本，而列之學官；迄有清五百年間，士夫之爲學，朝廷之取士，胥以此焉。鄉塾之士，遂不復知有古經，則楷肇其端也！於是程傳朱本義之大全本行，而王注孔疏亦廢擱矣！元明兩代，學者言易，大抵不脫宋儒窠臼；獨明古義，不囿風氣者，惟元天台陳應潤之撰周易爻義變蘊，明海鹽姚士粦叔祥之輯陸氏易解耳！考陳應潤之書凡四卷，大旨謂『義理玄妙之談，墮於老莊；先天諸圖，雜以參同契爐火之說；皆非易之本旨。」故其論八卦，惟據說卦傳「帝出乎震」一節，爲八卦之正位，而以「天地定位」一節，邵雍指爲先天方位者，定謂八卦相錯之用；謂文王演易，必不顚倒伏羲之文，致相矛盾。」其論太極兩儀四象，以天地爲兩儀，以四方爲四象；謂「未分八卦，不應先有揲蓍之法，分陰陽太少。周子無極太極二氣五行之說，自是一家議論，不可說易。」蓋自宋以後，毅然破陳摶之學者，自應潤始！所注用王弼本，惟有上下經六十四卦。據春秋左氏傳某卦之某卦例，如乾之姤曰「潛龍勿用，」乾之坤曰「見羣龍無首吉」之類，故名曰爻變。其稱一卦可變六十四卦，六爻可變三百八十四爻，卽漢焦延壽易林之例，蓋亦因古占法而推原其變通之意，非臆說也。昔宋王應麟輯鄭玄易注，爲學者所重；而姚士粦抄撮京房易傳注李鼎祚集解諸書所引之吳陸績周易注，以成陸氏易解一卷，雖不及應麟搜討之勤博，然在陸注久佚之餘，而掇拾叢殘，存什一於千百；於元明人易家之中，倘亦翹然獨秀者矣！若乃師心自悟，闇與古會，足以卓然名一家者；莫如梁山來知德矣，鮮隱萬縣之深山，精思易理，自隆慶庚午至萬歷戊戌，閱二十九年，而成周易集注十六卷。其立說專取繫辭中錯綜其數，以論易象；而以雜卦治之。錯者，陰陽對錯，如先天圓圖乾錯坤，坎錯離，八卦相錯是也。綜者，一上一下，如屯蒙之類，本是一卦，在下爲屯，在上爲蒙，載之序卦，是也。其論錯，有四正錯，有四隅錯；論綜，有四正綜，有四隅綜，有以正綜隅，有以隅綜正；其論象，有卦情之象，有卦畫之象，有大象之象，有中爻之象，有錯卦之象，有綜卦之象，有爻變之象，有占中之象；皆由冥心力索得其端倪；因而參互旁通，自成一說。當時推爲絕學。然上下經各十八卦，本之舊說；而所說中爻之象，亦卽漢以來互體之法；特知德縱橫推闡，專明斯義，較先儒爲詳盡耳！旣清儒崛起，務摧剝宋學，宏宣漢易，別成風氣；而首驅除夫難者，要推餘姚黃宗羲太沖宗炎晦木兄弟，暨德清胡渭朏明三氏。初陳摶推闡易經，衍爲諸圖，其圖本準易而生，故以卦爻反覆研求，無不符合；傳者務神其說，遂歸其圖於伏羲，謂易反由圖而作。又因繫辭河圖洛書之文，取大衍算數作五十五點之圖，以當河圖，取乾鑿度太乙行九宮法造四十五點之圖，以當洛書；其陰陽奇偶，亦一一與易相接應；傳者益神其說，又眞以爲龍馬神龜之所負，謂伏羲由此而有先天之圖；實則唐以前書，絕無一字之徵驗，而突出於北宋之初。邵雍朱子亦但取其數之巧合，而未暇究其太古以來，從誰授受。於是宗羲病其末派之支離，糾本原之依托，著易學象數論六卷自序云『世儒視象數爲絕學；今一一疏通，知於易本無干涉，而後反求程傳亦廓清之一端。』又稱『王輔嗣注簡當無浮義；』而病朱子添入康節先天之學爲添一障；可謂了當！而宗炎著周易象辭附尋門餘論圖書辨惑二十四卷，大指謂『陳摶之圖書，乃道家養生之術；』與元陳應潤之說合；而論『四聖相傳，不應文王周公孔子之外，別有伏羲之易爲不傳之祕；周易未經秦火，不應獨禁其圖轉爲道家藏匿二千年，至陳摶而始出；』則尤篤論也！然皆各據所見，抵其罅隙，尚未能窮溯本末，一一抉所自來。獨胡渭著易圖明辨十卷，辨河圖洛書，辨五行九宮，辨周易參同先天太極，辨龍圖易數鉤隱圖，辨啓蒙圖書，辨先天古易，辨後天之學，辨卦變，辨象數流弊；大指謂：『詩書禮春秋，皆不可無圖；獨易無所用圖。六十四卦二體六爻之畫，卽其圖也。八卦之次序方位則乾坤三索出震齊巽二章盡之矣；』引據舊文，互相參證，以箝依托者之口。於是學者知圖書之說，雖言之有故，執之成理，乃修鍊術數二家旁分易學之支流，而非作易之根柢；視黃氏兄弟所論，尤爲窮源竟委；其功不可沒也！然此三君子者，於宋儒有推陷廓淸之功；而漢學之究宣未極宏！至吳縣惠士奇天牧撰易說六卷以爲：『今所傳易出費直易，費本古文，王弼盡改俗書，又創虛象之說，而漢易亡矣！易者象也，聖人觀象而繫辭；君子觀象而玩辭；六十四卦皆實象，安得虛哉！漢儒言易，孟喜以卦氣，京房以適變，荀爽以升降，鄭康成以爻辰，虞翻以納甲；其說不同，而指歸則一，皆不可廢。』然士奇博學無所成名，力矯王弼以來空言說經之弊，徵引賅備，而失之雜！其子曰棟，字定宇者，博通經史，尤邃於易，謂：『孔子作十翼，其微言大義，七十子之徒相傳，至漢猶有存者。自王弼興而漢學亡，幸存其略於李氏集解。』精研三十年，引伸解類，始得貫通其旨；乃追考漢儒易學，掇拾緒論，成易漢學八卷；凡孟長卿易二卷，虞仲翔易一卷，京君明易二卷，干寶易附見鄭康成易一卷，荀慈明易一卷；其末一卷，則棟發明漢易之理，以辨正河圖洛書先天太極之學。又究漢儒之傳，以闡明易之本例，凡九十類，成易例二卷。漢學之絕者千有伍百餘年，至是而燦然復章！又自爲解釋，成周易述二十三卷，專宗虞翻，而參以鄭玄荀爽宋咸干寶諸家之說，融會其義；自爲注而自疏之；持論尤精警者：孔穎達正義據馬融陸績說，以爻辭爲周公作，與鄭學異；其所執者，明夷六五云：『箕子，』升六四云『王用享歧山，』皆文王後事，論者不能奪也！獨棟引春秋傳禹貢爾雅以證『王用享歧山』之爲夏后氏而非文王；而箕子明夷，則用漢趙賓之說，疏通證明，以爲『箕子，』當從古文作其子；其古音亥，亦作箕。劉向云『今易箕子作荄茲。』荀爽據以爲說，讀『箕子』爲荄茲，其與亥，子與茲，文異而音義同。三統術云：『該閡於亥，孳萌於子。』該，荄，亦同物也。五本坤也，坤終於亥，乾出於子，用晦而明，明不可息，故其子之明夷。馬融俗儒，不識七十子傳易之大義，讀其爲箕，蓋涉象傳而譌。五爲天位，箕子臣也，而當君位，乖於易例甚矣！謬種流傳，兆於西漢博士施讎讀其爲箕。蜀人趙賓述孟氏之學，以爲『箕子明夷，陰陽氣無箕子。箕子者，萬物方荄茲也。』賓據古義以難諸儒。諸儒皆屈。於是施讎梁邱賀皆嫉之。孟喜與讎賀同事田王孫。喜未貴而學獨高。喜所傳易家候陽陽災變書得自王孫；而賀惡之，謂無此事。語聞於上，宣帝遂以喜爲改師法，中梁邱之譖也！讎賀嫉喜而并及賓。班固作喜傳，亦用讎賀之單詞，皆非實錄。劉向別錄猶循孟學；故馬融俗說，荀爽獨知其非，復用賓古義。』雖敢爲異論，而不盡合事實；然自是清儒論易家，多信孟喜眞傳田王孫學者，其說實自棟發之。然按漢書儒林傳云：『趙賓以爲箕子明夷，陰陽氣無箕子；箕子者，萬物方荄滋也；云受孟喜，喜爲名之。』此趙賓謂箕子二字爲荄滋之誤也。然則趙賓所見之易經，本是「箕子」二字矣。虞翻云：『箕子，紂諸父。五，乾天位，今化爲坤，箕子之象。』虞翻世傳孟氏易而不從荄滋之說；可見孟氏易不作荄滋矣。惠棟言易尊虞翻，何以於此獨不從虞翻乎？此不可解也！惟漢人之易，孟費諸家，各有師承，勢不能合。而棟之學宗禰虞翻，有未通，補以鄭荀諸儒；學者以無家法少之！未若武進張惠言皋文治虞翻易之爲專家絕學也！惠言之論，大指以爲：『翻之易學，自其高祖父故零陵太守光治孟氏易，世傳其業，至翻五世，又具見馬鄭宋荀氏書，考其是否；故其言易，以陰陽消息六爻發揮旁通，升降上下，歸於乾元用九而天下治；依物取類，貫穿比附，始若瑣碎，及其沈深解剝，離根散葉，暢茂條理，遂於大道；後儒罕能通之！自魏王弼以虛空之言解易，唐立之學官，而漢世諸儒之說微！惟鄭荀虞三家，略有梗概可指說；而虞又較備。然則七十子之微言，田何楊叔丁將軍之所傳者，舍虞氏注奚從也！』故求其條貫，明其統例，釋其疑滯，信其亡闕，爲周易虞氏義九卷；表其大指，爲周易虞氏消息二卷。又撰虞氏易禮易事易候易言及虞氏略例，務以探頤索隱存一家之學焉。惟惠張二家，咸以漢易之亡，歸獄王弼；獨甘泉焦循理堂明其不然！其大指以爲：『東漢末，以易學名家者，稱荀劉馬鄭。劉，謂劉景升表。表之學受於王暢，王弼者，劉表之外曾孫，而暢之嗣玄孫也。弼之學，蓋淵源於劉，而實根本於暢。兄宏字正宗，亦撰易義。兄弟皆以易名，可知其所受者遠矣！故弼之易雖參以己見而解『箕子』爲荄茲，正用趙賓解；又如讀『彭』爲旁，借『雍』爲甕，通『孚』爲浮而訓爲務躁，解『斯』爲廝而釋爲賤役之屬，皆以六書通借；解經之法，尙未遠於馬鄭諸儒；特貌爲高簡，故疏者概視爲空論耳！因作周易王氏注補一卷，可謂持平之論也！考循之易本出家學；嘗疑一『號咷』也，何以既見於旅，又見於同人？一『拯馬壯』也，何以既見於復，又見於明夷？密雲不雨之象，何以小畜與小過同辭？甲庚三日之占，何以蠱象與巽象同例？乃徧讀說易之書，既悟洞淵九容之術，實通於易；乃以數之比例，求易之比例；以易解易，觸類求通，成易通釋二十卷。自謂：『學易所悟得者有三：一曰旁通，二曰相錯，三曰時行。旁通者，在本卦，初與四易，二與五易，三與上易；本卦無可易，則旁通於他卦，亦初通於四，二通於五，三通於上。先二五，後初四三上爲當位。不俟二五而初四三上先行，爲失道。易之道惟在變通；二五先行而上下應之，此變通不窮也。或初四先行，三上先行，則上下不能應；然能變而通之，仍大中而上下應，如乾四之坤而成小畜復，失道矣！變通之，小畜二之豫五，姤二之復五；復初不能應，姤初則能應；小畜四不能應，豫四則能應。坎四之離上而成井豐，失道矣！變通之，井二之噬嗑五，豐五之渙二；豐上不能應，渙上則能應；井三不能應，噬嗑三則能應。此所謂時行也。比例之義，出於相錯。如睽二之五爲无妄，井二之噬嗑五亦爲无妄；故睽之噬膚，卽噬嗑之噬膚。坎三之離上成豐，噬嗑上之三亦成豐；故豐之日昃，卽離之日昃；豐之日中，卽噬嗑之日中。漸上之歸妹三，歸妹成大壯，漸成蹇；蹇大壯相錯成需，故歸妹以須之，卽需也。歸妹四之漸初，漸成家人，歸妹成臨；臨通遯，相錯爲謙；履故眇能視，跛能履；臨二之五，卽履二之謙五之比例也。』易通釋既成，復提其要，爲易圖略八卷，凡圖五篇，原八篇，發明旁通相錯時行之義；論十篇，破舊說之非；復成易章句十二卷，總稱雕菰樓易學三書，共四十卷。蓋其爲學，不拘漢魏各師法，惟以卦爻經文比例爲主。號咷密雲，蹤跡甚顯；蒺藜樽酒，假借可據；如郭守敬之以實測得天行也；可謂冥心孤往，獨闢蹊徑者矣！尤豈惠張諸家墨守漢易，姝姝一先生之言者所可及耶！晚清善化皮錫瑞鹿門撰易學通論，以張惠言爲專門，焦循爲通學；而謂『學者當先觀二家之書』，可謂知言之士！然錫瑞論易，崇義理而黜象數，實主王注程傳；據漢書儒林傳以證明孟喜陰陽災變書之不出田王孫，京房納甲之托孟喜；而深慨清儒惠棟以來重理孟京之緒之爲大惑；曰：『經學有正傳，有別傳。以易而論，別傳非獨京氏而已。如孟氏之卦氣，鄭氏之爻辰，皆別傳也。又非獨易而已。如伏傳五行，齊詩五際，禮月令明堂陰陽說，春秋公羊多言災異，皆別傳也。子貢謂『夫子性與天道，不可得聞』；則孔子删定六經以垂世立敎，必不以陰陽五行爲宗旨，至孟京出而漢儒稱讖緯；宋人斥讖緯而稱圖書。其實焦京之易出陰陽家之占驗，雖應在事後，非學易之大義；陳邵之易出道家之修鍊，雖數近巧合，非作易之本旨；故雖自成一家之學，而於聖人之易實是別傳而非正傳。近儒於陳邵之圖闢之不遺餘力；而又重理焦京之說。獨焦循說易，自闢町畦，以虞氏之旁通，兼荀氏之升降，意在采漢儒之長而去其短；而於孟氏之卦氣，京氏之納甲，鄭氏之爻辰，皆駁正之以示後學，曰：『納甲卦氣，皆易之外道。』趙宋儒者闢卦氣而用先天。近人知先天之非矣，而復理納甲卦氣之說，不亦唯之與阿哉！』斯又侃侃敷陳，清儒之箴砭也！他如衡陽王夫之而農之周易稗疏，蕭山毛奇齡大可之仲氏易推易始末春秋占筮書三書，旌德姚配中仲虞之周易姚氏學，甘泉江藩鄭堂之周易述補，震澤陳壽熊獻青之讀易漢學私記，寶應成蓉鏡芙卿之周易釋爻例之屬，皆清儒易學之有根據，有條理者；雖立說或有未純，要其創通新解，補苴前賢，多可取者！然易道淵深，包羅衆義，隨得一隙，皆能宛轉關通，有所闡發，近儒侯官嚴復又陵序其所譯英儒赫胥黎著天演論，則又據易理以闡歐學，其大指以爲『歐學之最爲切實，而執其理可以御蕃變者，名數質力四者之學是已。而吾易則名數以爲經，質力以爲緯，而合而名之曰易。大宇之內，質力相推；非質無以見力；非力無以呈質。凡力，皆乾也。凡質，皆坤也。奈端動之例三；其一曰：『靜者不自動。動者不自止。動路必直。速率必均。』此所謂曠古之慮；自其例出而后天學明，人事利者也！而易則曰：『乾，其靜也專，其動也直。』後二百年，有斯賓塞爾者以天演自然言化，著書造論，貫天地人而一理之，此亦輓近之絕作也！其爲天演界說曰：『翕以合質，闢以出力，始簡易而終雜糅。』易則曰：『坤，其靜也翕，其動也闢。』至於『全力不增減』之說，則有『自彊不息』爲之先。『凡動必復』之說，則有消息之義居其始。而『易不可見，乾坤或幾乎息』之旨，尤與『熱力平均，天地乃毀』之言相發明。可謂有味乎其言之也！然嚴復尙非易家也，不過爲闡易道以歐學者之大輅推輪而已！至海寧杭辛齋出，精究易義，博及諸家傳注，而蒐藏言易之書六百二十餘種，並世之言易藏者莫備焉！著有易楔口卷，學易必談初集二集各四卷，易數偶得二卷，愚一錄易說訂二卷，讀易雜識一卷，改正揲蓍法一卷。其平日持論以爲：『易如大明鏡，無論以何物映之，莫不適如其本來之象。如君主立憲，義取親民，爲同人象；民主立憲，主權在民，爲大有象，社會政治，無君民上下之分，爲隨象。乃至日光七色，見象於白賁，微生蟲變化物質，見象於蠱。又如繫辭言『坤，其靜也翕，其動也闢』，而所謂『闢』者，卽物理學之所謂離心力也；翕者，卽物理學所謂向心力也。凡物之運動，能循其常軌而不息者，皆賴此離心向心二力之作用。地球之繞日，卽此作用之公例也。凡近世所矜爲創獲者，而易皆備其象，明其理於數千年之前。蓋理本一原，數無二致。時無古今，地無中外，有偏重而無偏廢。中土文明，理重於數，而西國則數勝於理。重理，或流於空談而鮮實際。泥數，或偏於物質而遺精神。惟易則理數兼賅，形上道而形下器，乃足以調劑中西末流之偏，以會其通而宏其指。』此則推而大之以至於無垠；而巽軍突起，足爲易學闢一新塗者焉！籑周易志第二。

尚書志第三

昔在帝堯聰明文思，光宅天下，將遜於位，讓於虞舜；作堯典。虞舜側微，堯聞之聰明，將使嗣位，歷試諸難；作舜典。帝釐下土方，設居方，別生分類，作汨作九共九篇槀飫。皋陶矢厥謨；禹成厥功，帝舜申之，作大禹皋陶謨棄稷。禹別九州，隨山濬川，任土作貢；作禹貢。啓與有扈戰於甘之野，作甘誓。太康失邦，昆弟五人須於洛汭；作五子之歌。羲和湎淫，廢時亂日，允往征之，作允征。自契至於成湯八遷，湯始居亳，從先王居，作帝告釐沃。湯征諸侯，葛伯不祀，湯始征之，作湯征。伊尹去亳適夏；既醜有夏，復歸於亳；入自北門，乃遇女鳩女方，作女鳩女方。伊尹相湯伐桀，升自陑，遂與桀戰於鳴條之野；作湯誓。夏師敗績，湯遂從之；遂伐三朡，俘厥寶玉；誼伯仲伯作典寶。湯既勝夏，欲遷其社不可；作夏社疑至臣扈。湯歸自夏至於大坰，仲虺作誥。湯既黜夏命，復歸於亳；作湯誥。伊尹作咸有一德。咎單作明居。成湯既沒；太甲元年，伊尹作伊訓肆命徂后。太甲既立，不明；伊尹放諸桐，三年復歸於亳，思庸；伊尹作太甲三篇。沃丁既葬伊尹於亳；咎單遂訓伊尹事；作沃丁；伊陟相太戊。亳有祥桑穀共生於朝；伊陟贊於巫咸；作咸乂四篇。太戊贊於伊陟；作伊陟原命。仲丁遷於囂；作仲丁。河亶甲居相；作河亶甲。祖乙圯於耿；作祖乙。盤庚五遷，將治亳殷民咨胥怨；作盤庚三篇。高宗夢得說，使百工營求諸野，得諸傅巖；作說命三篇。高宗祭成湯，有飛雉升鼎耳而雊；祖己訓諸王；作高宗肜日高宗之訓。殷始咎周周人乘黎；祖伊恐，奔告於受；作西伯戡黎。殷既錯天命，微子作誥父師少師。惟十有一年，武王伐殷，一月戊午，師渡孟津；作大誓三篇。武王戎車三百兩，虎賁三百人，與受戰於牧野；作牧誓。武王伐殷，往伐歸嘼，識其政事；作武成。武王勝殷殺受，立武庚，以箕子歸；作洪範。武王既勝殷邦，諸侯班宗彝；作分器。西旅獻獒；太保作旅獒。巢伯來朝；芮伯作旅巢命。武王有疾；周公作金縢。武王崩，三監及淮夷叛；周公相成王，將黜殷命；作大誥。成王既黜殷命，殺武庚，命微子啟代殷後；作微子之命。唐叔得禾，異畝同穎，獻天子；王命唐叔歸周公於東；作歸禾。周公既得命禾，旅天子之命；作嘉禾。成王既伐管叔蔡叔，以殷餘民邦康叔；作康誥酒誥梓材。成王在豐，欲宅雒邑，使召公先相宅；作召誥。召公既相宅，周公往營成周，使來告卜；作雒誥。成周既成，遷殷頑民；周公以王命告；作多士。周公作無逸。召公爲保，周公爲師，相成王爲左右。召公不悅，周公作君奭。成王東伐淮夷，遂踐奄；作成王政。成王既踐奄，將遷其君於蒲姑；周公告召公，作將蒲姑。成王歸自奄，在宗周誥庶邦；作多方。成王既黜殷命，滅淮夷，還歸在豐；作周官。周公作立政。成王既伐東夷，肅愼來賀。王俾榮伯作賄肅愼之命。周公在豐，將沒，欲葬成周。公薨，成王葬於畢；告周公，作亳姑。周公既沒，命君陳分正東郊成周；作君陳。成王將崩，命周公召公率諸侯相康王，作顧命。康王既尸天子，遂誥諸侯；作康王之誥。康王命作册。畢公分居里成周郊；作畢命。穆王命君牙爲周大司徒；作君牙。穆王命伯冏爲周太僕正；作冏命。蔡叔既沒，王命蔡仲踐諸侯位，作蔡仲之命。魯侯伯禽宅曲阜，徐夷並興，東郊不開；作柴誓。呂侯命穆王訓夏贖刑；作呂刑。平王錫晉文侯秬鬯圭瓚，作文侯之命。秦穆公伐鄭，晉襄公帥師敗諸崤，還歸，作秦誓。至孔子觀書於周室，得虞夏商周四代之典，乃斷自唐虞之際，下訖秦穆，芟煩翦浮，舉其宏綱，定爲尚書百篇；而爲之序，言其作意。或說：『孔子求得黃帝元孫帝魁之書，迄於秦穆，凡三千二百四十篇。斷遠取近，定其可爲世法者一百二十篇；以百二篇爲尚書，十八篇爲中候。』此据尚書緯璇璣鈐文也。謂之尚書者。梅賾僞孔安國傳曰：『以其上古之書，謂之尚書。』王肅曰：『上所言，下爲史所書，故曰尚書也。』蓋書之所主，本於號令；所以宣王道之正義，發話言於臣下，故其所載，皆典謨訓誥誓命之文。子夏問書大義？孔子曰：『吾於帝典見堯舜之聖焉！於大禹謨皋陶謨見禹稷皋陶之忠勤功勳焉！於雒誥見周公之德焉！故帝典可以觀美。大禹謨禹貢可以觀事。皋陶謨益稷可以觀政。洪範可以觀度。太誓可以觀義。五誥可以觀仁。呂刑可以觀誡。通斯七者，書之大義舉矣！』三千之徒，並受其學。及秦始皇滅先代典籍，焚書坑儒。天下學士，逃難解散！漢興，孝文帝時求能治尚書者天下無有！獨濟南伏生名勝字子賤者，故秦博士，名能治之。欲召，而伏生年九十餘，老不能行；於是詔太常使掌故潁川鼂錯往受之。秦時禁書，伏生壁藏之。其後大兵起，流亡，漢定，伏生求其書，亡數十篇；獨得堯典皋陶謨禹貢甘誓湯誓盤庚高宗肜日西伯戡黎微子大誓牧誓洪範金縢大誥康誥酒誥梓材召誥洛誥多士無逸君奭多方立政顧命費誓呂刑文侯之命秦誓二十九篇。漢書藝文志載尚書經二十九卷，蓋即伏生書也。生以教於齊魯之間，博引異言，援經申證，撰次尚書大傳凡三卷八十三篇。其書兼明大義，不盡釋經；而釋經可据者；如大麓之野，必是山林，旋機之星，實爲北極。禰祖歸假，知事死如事生。鳥獸咸變，見物性通人性。十二州之兆祀，是祭星辰。三千條之肉刑，難解畫象。七始七律，文猶見於唐山。五服五章，制豈同於周世。三公紬陟，在巡狩之先。重華禪讓，居賓客之位。西伯受命，逮六載而稱王。元公居攝，閱七年而致政。成王抗法，爲世子以迎侯。皇天動威，開金縢而改葬。此皆伏生所傳古解，而或者以爲伏生弟子記也。學者由是頗能言尚書。而晁錯傳伏生書以教汝陽何比干少卿。諸山東大師無不涉尚書以教。最先出者，濟南張生及千乘歐陽生，皆伏生弟子也。歐陽生，字和伯，傳伏生之學，以授同郡兒寬。而寬又治古文尚書於魯國孔安國。有俊才，舉侍御史，見武帝，語經學。上曰：『吾始以尚書爲樸學，弗好！及聞寬說可觀，乃從寬問一篇。』歐陽大小夏侯氏皆出於寬。傳伏生書而說多違異。如大夏侯說萬方之事，大錄於君，見漢書于定國傳；皆伏生大麓之說一矣。小夏侯說周公封弟康叔，號曰孟侯，見地理志；皆伏生迎侯之說二矣。夏侯說虞賓在位，爲不臣丹朱，見白虎通；皆伏生舜爲賓客之說三矣。歐陽夏侯說天子服十二章，公卿服九章，見續漢輿服志；皆伏生五服五章之說四矣。接兒寬爲伏生再傳弟子，歐陽大小夏侯之所自出，而歐陽大小夏侯說多違異伏生者，或者以寬受孔安國古文尚書而雜用古文之說也。寬授歐陽生子，世世相傳，至曾孫高子陽。由是尚書世有歐陽氏學。濟南林尊長賓者，事歐陽高，爲博士，論石渠，後至少府太子太傅；傳平陵平當子思、梁陳翁生。武帝時，當以經明禹貢，使行河，爲騎都尉，領河隄，由是陳山川言治河者，別出禹貢爲尚書專家之學，其端實自平當發之。當至丞相。翁生，信都太傅，家世傳業，由是歐陽有平陳之學。翁生傳瑯邪殷崇楚國龔勝君賓。崇爲博士，勝右扶風，而平當傳九江朱普公文、上黨鮑宣子都。普爲博士，宣司隸校尉。宣與龔勝，皆著高節，知名者也。濟南張生爲博士。魯國夏侯都尉從受尚書，以傳族子始昌。始昌之族子曰勝長公者，少孤，好學，從始昌受尚書及洪範五行傳，說災異，後事同郡簡卿；簡卿者，兒寬門人；而勝又從歐陽氏問；爲學精熟，非一師也。徵爲博士光祿大夫。會昭帝崩，昌邑王嗣立，數出。勝當乘輿前諫曰：『天久陰不雨，臣下有謀上者。』王怒謂勝祅言，縛屬吏。吏白大將軍霍光。是時光與車騎將軍張安世謀欲廢昌邑王。光讓安世以爲泄語。安世實不言。迺召問勝。勝對言：「洪範傳曰：『皇之不極，厭罰常陰。時則下人有伐上者。』惡察察言，故言臣下有謀。」光安世大驚。由是推陰陽言災異者別出洪範五行爲尙書專家之學；其端實自夏侯勝發之。勝從父子建字長卿，自師事勝及歐陽高，左右采獲；又從五經諸侯問與尙書相出入者牽聯以次章句，具文飾說。勝非之曰：『建所謂章句小儒，破碎大道。』建亦非勝爲學疏略，難以應敵。建卒以自顓門名經，爲議郎博士至太子少傅。勝用尙書授上官太后，官長信少府，遷太子太傅，受詔撰尙書論語說，賜黃金百斤。年九十，卒官，賜冢塋。太后賻錢二百萬，爲勝素服五日，以報師傅之恩。儒者以爲榮！由是尙書有大小夏侯之學。齊人周堪少卿，魯人孔霸次儒，皆事大夏侯勝。霸爲博士；堪譯官令，論於石渠，經爲最高，後爲太子少傅，而孔霸以大中大夫授太子。太子卽位爲元帝，累擢堪爲光祿勳。堪傳牟卿或疑牟融之同族及長安許商長伯。牟卿爲博士。霸以帝師賜爵號褒成君；傳子光，子夏亦事牟卿，至丞相。由是大夏侯有孔許之學。許商明洪範五行，善推陰陽災異，著五行傳記一篇，見漢書藝文志；四至九卿，號其門人沛唐林子高爲德行，平陵吳章偉君爲言語，重泉王吉少音爲政事，齊炔欽幼卿爲文學；王莽時，林吉爲九卿，自表上師冢，大夫博士郎吏爲許氏學者各從門人會車數百兩，儒者榮之！欽章皆爲博士，徒衆尤盛！此大夏侯之學也。傳小夏侯之學者，有平陵張山拊，張賓爲博士，論石渠，至少府，授同縣李尋子長，鄭寬中少君，山陽張無故子儒，信都秦恭延君，陳留假倉子驕。無故善修章句，爲廣陵太傅，守小夏侯說文。恭增師法至百萬言，爲城陽內史。倉以謁者論石渠，至膠東相。寬中以博士授太子，卽位爲成帝，賜爵關內侯，遷光祿大夫，領尙書，甚尊重。寬中等守師法教授；尋獨好洪範災異，又學天文月令陰陽事。由是小夏侯有鄭張秦假李氏之學。寬中傳東郡趙玄。無故傳沛唐尊伯高。恭傳魯馮賓。賓爲博士；尊王莽太傅；玄，哀帝御史大夫；至大官知名者也。自武帝立五經博士；書惟有歐陽；至宣帝乃增立大小夏侯。夏侯尙書依伏生篇數；而歐陽氏則分盤庚爲三；故大小夏侯章句各二十九卷，大小夏侯解詁二十九篇，與伏生經二十九卷同。而歐陽章句得三十一卷，見漢書藝文志；是爲今文尙書。古文尙書者，出孔子壁中；而藏之者，或說孔騰，或說孔鮒，未詳孰是？武帝末，魯共王壞孔子宅，欲以廣其宮，而得古文尙書及禮記論語孝經凡數十篇，皆古字也。共王往入其宅，聞鼓琴瑟鐘磬之音，於是懼，乃止不壞宅，悉以書還孔氏。孔安國者，孔子十一世孫也；得其書，以所聞伏生之書考論文義；定其可知者，爲隸古定，更以竹簡寫之，增多伏生十六篇曰舜典汨作九共大禹謨棄稷五子之歌允征湯誥咸有一德典寶伊訓肆命原命武成旅獒冏命；內九共分爲九，則出八篇，爲二十四篇，而又增析伏生二十九篇之盤庚太誓皆爲三；漢書藝文志著錄尚書古文經四十六卷，爲五十七篇者是也。蓋尚書茲多於是矣！安國獻之，遭巫蠱，未列於學官。安國爲諫大夫，以傳都尉朝。而司馬遷亦從安國問故，撰史記載堯典禹貢洪範微子金縢諸篇，採今文而不用古文說。都尉朝傳膠東庸譚，譚傳淸河胡常少子，以明穀梁春秋爲博士部刺史；又傳左氏。常傳虢徐敖。敖爲右扶風掾，又傳毛詩，授王璜平陵塗惲子眞。子眞傳河南桑欽君長。世所傳百兩篇者，出東萊張霸，分析合二十九篇以爲數十，又采左氏傳書敍，爲作首尾，凡百二篇；篇或數簡，文意淺陋。成帝時，光祿大夫劉向校經傳諸子，求尚書古文者，霸以能爲百兩篇徵；以中古文校之非是，是爲最先出之僞古文尚書。而中古文者，蓋卽安國所獻者也。劉向以中古文校歐陽大小夏侯三家經文；酒誥脫簡一，召誥脫簡二，率簡二十五字，脫亦二十五字；簡二十二字，脫亦二十二字；文字異者七百有餘，脫字數十；而向治穀梁春秋，數其禍福，傳以洪範，成尚書洪範五行傳論十一卷；漢書藝文志隋書經籍志著錄者是也。自孝武時，夏侯始昌通五經，善推五行傳以傳族子夏侯勝，下及許商，皆以教所賢弟子；其傳與劉向同。惟劉歆傳獨異。歆，向之子也；受詔嗣父領校祕書，貴幸，欲建立左氏春秋及毛詩逸禮古文尚書皆列於學官。哀帝令歆與五經博士講論其義。博士或不肯置對。歆移書太常切責之。諸儒皆怨恨。卒不果立！王莽時，諸學皆立；而王璜塗惲之傳古文尚書者，皆貴顯矣。由是尚書有古文之學。時世祖龍潛在野之長安，受尚書於中大夫廬江許子威；未詳今古文誰宗？既中興漢業，立五經博士，尚書歐陽大小夏侯；而古文不與立焉！疑亦習今文尚書也。今文歐陽尚書，後漢傳習最盛。自顯宗以下，諸帝者罔不習歐陽焉；則桓氏之故也。沛郡桓榮春卿少學長安，習歐陽尚書，事博士九江朱普，精力不倦，十五年不窺家園；教授徒衆數百人。世祖卽位，既立顯宗爲皇太子，選求明經，迺選榮弟子豫章何湯仲弓爲虎賁中郎將，以尚書授皇太子。世祖從容問湯本師爲誰？湯對『事沛國桓榮。』帝卽命榮令說尚書，甚善之，拜議郎，入使授太子。每朝會，輒令榮於公卿前敷奏經書。帝稱善曰：『得生幾晚！』會歐陽博士缺。帝欲用榮，榮謙對『經術淺薄，不如同門生郎中彭閎作明揚州從事皋宏奉卿也！』帝曰：『俞！往汝諧！』因拜榮爲博士；引閎宏爲議郎。車駕幸太學，會諸博士論難於前。榮被服儒衣，溫恭有蘊藉，辨明經義，每以禮讓相厭；不以辭長勝人，儒者莫之及！特加恩賞，常令止宿太子宮；積五年，榮薦門下生九江胡憲侍講，乃能得出；且一入而已。累擢太常。顯宗即位，尊以師禮。嘗幸太常府，令榮坐東南設几杖；會百官及榮門生數百人。天子親自執業，每言輒曰：『太師在是！』會三雍成，拜榮爲五更。每大射養老禮畢，帝輒引榮及弟子升堂執經，自爲下說；迺封榮爲關內侯，食邑五千戶。門徒多仕公卿；潁川丁鴻孝公，趙國張禹伯達，汝南張酺孟侯，皆至三公。榮少子郁字仲恩，少以父仕爲郎，敦厚篤學，傳父業；以尚書教授門徒常數百人。榮卒，襲爵。顯宗以郁先師子，甚見親厚。常居中論經書，問以政事；稍遷侍中。帝自制五家要說章句，令郁校定於宣明殿。永平十五年，入授皇太子經。太子卽位爲肅宗；累遷屯騎校尉。和帝卽位，富於春秋。侍中竇憲自以帝舅之重，欲令少主頗涉經學。上疏皇太后曰：『昔五更桓榮親爲帝師，子郁結髮敦尙，繼傳父業，故再以校尉入授先帝父子；給事禁省，更歷四世。今白首好禮，經行篤備；宜令郁入教授。』由是遷長樂少府，復入侍講。頃之，轉侍中奉車都尉。永元四年，代丁鴻爲太常。郁教授二帝恩寵甚篤；門人宏農楊震伯起，京兆朱寵仲威皆至三公。初榮受朱普學章句四十萬言；及榮入授顯宗，減爲二十三萬言；郁復删省，定成十三萬言；由是有桓君大小太常章句。郁中子焉以父任爲郎，能世傳其家學，永初元年，入授安帝。而侍中南陽鄧宏亦以帝舅治歐陽尚書授帝禁中；然不如焉之三代帝者師，推世儒宗！三遷爲侍中步兵校尉。永寧中，順帝立爲皇太子，以焉爲太子少傅月餘，遷太傅；順帝卽位，累官太尉。弟子傳業者數百人；江夏黃瓊世英宏農楊賜伯獻，皆至三公；最知名。孫典字公雅，復傳其家業，以尚書教授潁川，門徒數百人。桓氏自榮至典世宗其道；父子兄弟代作帝師；受其業者皆至卿相，顯乎當世；而學最高稱儒宗者，莫如丁鴻張酺及楊震楊賜祖孫父子也！張楊兩氏，家世傳經；張酺楊賜先後帝師，胥足繩徽師門者焉！考之於史：丁鴻年十三，與九江人鮑駿同事桓榮，受歐陽尚書，三年而明章句，善論難，爲都講。經學至行，顯宗甚賢之！詔徵鴻至，卽召見說文侯之命篇，賜御衣及綬，稟食公車，與博士同禮。肅宗詔鴻與廣平王羨及諸儒太常樓望少府成封屯騎校尉桓郁衛士賈逵等論定五經同異於北宮白虎觀；使五官中郎將魏應主承制問難，侍中淳于恭上，帝親稱制臨決。鴻以才高論難最明，諸儒稱之；帝數嗟美焉！時人歎曰：『殿中無雙丁孝公！』數受賞賜，累擢少府。門下由是益盛；遠方至者數千人；彭城劉愷，北海巴茂，九江朱倀，皆至公卿。陳留陳弇叔明亦受歐陽尚書於鴻，仕爲蘄長。而鴻累轉司徒，行太尉。張酺祖父充與世祖同門學通尚書。酺傳祖業，又事桓榮，勤力不怠，聚徒以百數。顯宗爲四姓小侯開學於南宮，置五經師，酺以尚書教授；數講於御前，以論難當意，除爲郎；賜車馬衣裳，遂令入授皇太子。酺爲人質直，守經義；每侍講閒隙，數有匡正之辭；以嚴見憚。及肅宗卽位，擢侍中虎賁中郎將；數月，出爲東郡太守。自酺出後，帝每見諸王師傅，嘗言：『張酺前入侍講，屢有諫正，誾誾惻惻，有史魚之節！』會東巡，幸東郡，引酺及門生幷郡縣掾吏會庭中。帝先備弟子之儀，使酺講尚書一篇，然後修君臣之禮，賞賜殊特，莫不沾洽；累轉太尉司空。子蕃，曾孫濟，亦世其學。楊震父寶本習歐陽尚書；而震又受歐陽尚書於桓郁，明徵博覽，無不窮究；諸儒爲之語曰：『關西夫子楊伯起！』仕至司徒。中子秉，字叔節；少傳父業，兼明京氏易，博通書傳；仕爲任城相。桓帝卽位，以明尙書徵入勸講，拜太中大夫，左中郞將，累轉太尉。子郞賜也，少傳家學，篤志博聞；仕爲侍中越騎校尉。建寧初，靈帝當受學；詔太傅三公選通尙書桓君章句，宿有重名者。三公舉賜，乃侍講於華光殿；遷少師光祿勳，累轉司徒；行辟雍禮，引賜爲三老；又拜太尉，封臨晉侯。初賜薦張濟明習典訓；因與濟及太尉劉寬並入侍講；至是辭不宜獨受封賞，願分戶邑寬濟。帝嘉歎，復封寬及濟子。寬少學歐陽尙書京氏易，尤明韓詩外傳星官風隅算曆，皆究極師法，稱爲通儒；而以明尙書與賜同入侍講。賜子彪，字文先，亦傳家學。此桓氏門下生之傳歐陽尙書，最爲高第者也：其他後漢經師之世傳歐陽尙書者：曰樂安歐陽氏。自前漢歐陽生傳伏生尙書，至歙，字王思，八世皆爲博士。歙既傳業而恭謙好禮讓；世祖卽位，累仕遷汝南太守；在郡教授數百人。濟陰曹曾，字伯山，從歙受尙書，門徒三千人，位至諫議大夫。而汝南高獲，字敬公，少遊學京師，與光武有舊；亦嘗師事歙焉。歙子祉，河南尹，傳父業教授。曰上黨鮑氏。自前漢鮑宣受歐陽尙書於平當，傳子永，字君長，少有志操，能習歐陽尙書；世祖卽位，累仕至兗州牧。子昱，字文泉，少傳父學，客授東平；累官太尉。子德，修志節，亦有名稱，至大司農。凡此諸儒，皆授受有原，師承可考者：至師承不可考者：樂安牟長君高少習歐陽尚書，不仕王莽；世祖卽位，大司空宋弘特辟，拜博士，稍遷河內太守；諸生講學者常有千餘人，著錄前後萬人；著尚書章句四十五萬餘言，皆本之歐陽氏；俗號爲牟氏章句。而敦煌張奐字然明者，常受歐陽尚書於朱寵，養徒千人，著尚書記難三十餘萬言。顧以爲牟氏章句浮辭繁多，減爲九萬言：後漢書張奐傳章懷太子注時牟卿受書於張堪爲博士故有牟氏章句不知何據倘參觀范書諸傳當知牟氏章句自指牟長所撰者耳且牟卿之師係周堪非張堪而張堪本傳亦不言堪習歐陽尚書也 上書桓帝，奏其章句，詔下東觀，與牟氏並。牟長子紆又以隱居教授，門生千人。此外又有潁川太守京兆宋登叔陽，太尉河內杜喬叔榮，處士豫章徐穉孺子，汝南太守南陽宗資叔都，處士汝南廖扶文起，侍中蜀郡董扶茂安，皆習歐陽尚書，教授數百千人。蓋東漢尚書今文之學，罔有盛於歐陽氏者矣！其以大夏侯尚書教授，可考見者三人：曰遼東太守南陽宋京及子司隸校尉宋意伯意。曰太尉北海牟融子優。曰大司農濟陰張馴子儁。以小夏侯尚書教授可考見者一人；曰大司徒司直東海王良仲子。以夏侯尚書相傳而未詳大小何所屬者，曰廣漢楊統仲通楊厚仲桓父子。未若歐陽尚書傳習之盛也！時亦有初習歐陽尚書而後受古文者：曰諫議大夫南陽尹敏幼季。世祖初卽位，上疏陳洪範消災之術。曰大中大夫陳留楊倫仲理。史稱『少爲諸生，師事司徒丁鴻，習古文尚書。』然余考丁鴻習歐陽尚書於桓榮，具如所記，不聞其通古文；倫亦如尹敏之初習歐陽尚書，而後受古文者耶？古文尚書之專習者：曰汝南周防偉公。年十六仕郡小吏；世祖巡狩汝南，召掾史試經；防尤能誦讀，拜爲守丞。防以未冠謁去，師事徐州刺史蓋豫，受古文尚書，撰尚書雜記三十二篇四十萬言；累仕至陳留太守。又有魯國孔僖仲和孔昱元世者，安國後也；自安國以下，世傳古文尚書。古文尚書之有孔氏，比之歐陽尚書之有歐陽氏矣！其他汝南周磐堅伯，蜀郡張楷公超，潁川劉陶子奇，濟陰孫期仲或，中山劉佑伯祖，亦皆習古文尚書，而楷作尚書注。陶推三家尚書及古文，是正三百餘事，名曰中古文尚書。然後漢之言古文尚書者，胥推扶風杜林伯山爲繼別之宗。方王莽之敗，林則辟兵河西，得漆書古文尚書一卷；常寶愛之，雖遭艱困，握持不離；身既還三輔，世祖徵拜侍御史，問以經書。京師士大夫咸推博洽。河南鄭興少贛，東海衞宏敬仲等皆長於古學；興嘗師事劉歆；林旣遇之，欣然言曰『林得興等固諸矣！使宏得林，且有以益之。』及宏見林，闇然而服！濟南徐巡始師事宏，後皆更受林學。林出漆書以示宏等曰：『林流離兵亂，常恐斯經將絕！何意東海衞子濟南徐生復能傳之，是道竟不墜於地也！古文雖不合時務，然願諸生無悔所學！』宏因爲作訓注。於是古文遂行。林同郡賈逵景伯亦爲作訓。而逵之父曰徽者，受古文尚書於塗惲。逵傳父業，能以大夏侯尚書教授。肅宗立，降意儒術；特好古文尚書左氏傳；建初元年，詔逵入講北宮白虎觀南宮雲臺。逵數爲帝言古文尚書與經傳爾雅詁訓相應。詔令撰歐陽大小夏侯尚書古文同異。逵撰集爲三卷；又爲杜林傳古文尚書作訓。林同郡馬融季長又爲作傳。北海鄭玄康成先受古文尚書於東郡張恭祖；旣乃西入關，因涿郡盧植子幹事馬融，受杜林漆書古文，爲作注解。盧植少與鄭玄俱事馬融，受古學，好研精，作尚書章句；其書皆不得。獨馬融注十一卷，鄭玄注九卷，著目隋書經籍志。古文之得大顯於世者，則馬融鄭玄之力也！鄭玄書贊云：『我先師棘下生子安國亦好此學。自世祖興後漢，衞賈馬二三君子之業，則疋材好博，旣宣之矣。』書贊見正義云棘下生者棘下地名也水經注二十六卷引鄭志曰『張逸問贊云「我先師棘下生何時人」鄭答云「齊田氏時善學者所會處也齊人號之棘下生」無常人也』云子安國者，尊之爲師，故子之也又云：『歐陽氏失其本義。』則是鄭玄者固淵原於孔安國氏，而又津逮夫杜林漆書者也。乃馬融書敍云：『逸十六篇，絕無師說。』豈都尉朝庸生等所傳，但習其句讀而不解其文誼歟？抑豈先有其說而後亡之歟？彼張楷之注，衞賈之訓，並止解二十九篇而不解十六篇歟？書敍亦見正義厥後鄭玄作注，可謂集諸儒之大成矣！其書分盤庚太誓皆爲三篇，分顧命『王若曰』以下爲康王之誥，計三十四篇，合逸篇二十四，凡五十有八篇。然所注者三十四篇而已；豈二十四篇之誼未有聞於師，而不敢以己意說歟？陸德明經典釋文首卷云『馬鄭所注並伏生所誦非古文也』孔穎達尚書正義云『鄭注尚書篇數並與三家同』是鄭未注二十四篇也抑豈殘缺失次，不可讀歟？既議郎陳留蔡邕伯喈以經籍去聖久遠，文字多謬；俗儒穿鑿，疑誤後學，乃與光祿大夫楊賜等奏求正定六經文字。靈帝許之。邕乃自書册於碑，使工鐫刻立於太學門外。於是後儒晚學，咸取正焉。其尚書則今文歐陽夏侯二家之所說也。據尚書正義孔穎達序東海王朗景興以通經師太尉楊賜，而賜則受歐陽尚書於桓焉者也。則王朗者，焉之再傳弟子，而亦治歐陽尚書者矣。後爲會稽太守，爲孫策所俘；魏太祖輔漢政，徵拜諫議大夫，參司空軍事；魏國建，累轉司徒。子肅，字子雍，累官中領軍，加散騎常侍，以儒宗爲名臣，撰尙書注十一卷，尙書駁義五卷，載隋書經籍志。及高貴鄉公講尙書榮陽鄭沖文和以司空執經親授，與侍中高密鄭小同俱被賞賜。鄭小同者，鄭玄之孫也。則是高貴鄉公者，當是治鄭注古文尙書者矣？既幸太學，與博士論尙書，問三事：一事曰「鄭玄云：『稽古同天。』言堯同於天也。王肅云：『堯順考古道而行之。』二義不同，何者爲是？」博士庾峻對曰『先儒所執，各有乖異；臣不足以定之。然洪範稱『三人占，從二人。』賈馬及肅皆以爲『順考古道；』以是言之，肅義爲長。」帝曰「仲尼言：『惟天爲大，惟堯則之。』堯之大美，在乎則天。『順考古道，』非其至也。今發篇開義以明聖德，而舍其大，更稱其細，豈作者之意耶？」峻對曰：『臣奉師說，未喩大義；至於折中，裁之聖思。』此高貴鄉公之申鄭黜王也。然王肅之說，與賈馬不違；蓋肅善賈馬之說，而不好鄭氏；非不通習古文者也。此以知魏以古文尙書立博士矣！吳國士大夫之通尙書者，獨稱琅邪諸葛瑾子瑜，廣陵張紘子綱。紘治歐陽尙書；而瑾少游京師，治毛詩尙書左氏春秋，獨尙書不詳何家？然以毛詩左氏春秋皆古文推之；當是古文尙書也。蜀士無得而稱者焉！晉世祕府所藏，有古文尙書經文，後無傳者！及永嘉之亂，今文歐陽大小夏侯尚書並亡。濟南伏生之傳，惟劉向父子所傳尚書洪範五行傳論，是其本法；而又父子乖戾。江左中興；元帝時，豫章內史汝南梅賾仲眞奏上古文尚書孔安國傳。然考漢書藝文志敍古文尚書，但稱『安國獻之，遭巫蠱事，未立於學官；』而儒林傳亦但稱『孔安國以今文讀之，因以起其家；』不云安國作傳。則是安國作傳，已嫌羌無依據。而其書析伏生二十九篇爲三十三，增益二十五篇，以傳合於劉向別錄，言『尚書五十八篇』之數；散百篇之敍，引冠篇端，而亡篇之敍，列次其間。其篇章之離合，篇目之存亡，絕與兩漢所傳不合；而立說多本王肅。賾自言：『古文尚書受之城陽臧曹；而曹受之城陽太守天水梁柳洪季。柳受之扶風蘇愉休預。愉受之太保公鄭沖。』授受淵原如此。然考鄭沖在魏授尚書高貴鄉公，而高貴鄉公講尚書太學，乃據鄭注以難王誼；具如前載。然則沖所授高貴鄉公者，當是鄭氏尚書，何緣傳自沖之古文尚書孔安國傳而轉本王誼立說者耶？後儒論之曰僞，非苛誣也！安定皇甫謐士安，梁柳之從舅子也；亦受孔傳之古文尚書，故作帝王世紀，往往載僞孔五十八篇之說。謐高名宿學，儒者宗之；旣相讚述，遂翕然信奉，以爲孔氏古文於是復出！其書復闕舜典一篇。齊明帝時，吳姚方興於大航頭得其書奏上，比馬鄭所注多二十八字；於是始列國學。然鄭義兼行。梁陳所講有孔鄭二家，北朝惟得鄭義，至隋初，始行孔傳。其爲義疏者；有梁兼國子助教孔子袪撰尚書義二十卷，集注尚書二十卷；國子助教巢猗撰尚書百釋三卷，尚書義三卷；國子助教費甝撰尚書義疏十卷；司徒蔡大寶撰尚書義疏三十卷；隋太學博士劉炫撰尚書述義二十卷，尚書義疏七卷；祕書學士顧彪撰尚書義疏二十卷，尚書文外義一卷；具載隋書經籍志，皆据梅賾上僞孔安國傳古文尚書也。隋太學博士劉焯亦爲僞孔作疏，聰明博學，與劉炫齊名，時稱二劉。劉焯字士元，信都人。劉炫字光伯，河間人。至唐孔穎達奉詔纂五經義疏，乃因梅賾之僞孔，焯炫之義疏，撰定尚書正義二十卷；序稱『古文經雖然早出，晚始得行。其爲正義者，蔡大寶巢猗費甝顧彪劉焯劉炫等。其諸公旨趣多或因循；帖釋注文，義皆淺略，惟劉焯劉炫最爲詳雅。然焯乃織綜經文，穿鑿孔穴，詭其新見，異彼前儒，非險而更爲險，無義而更生義。竊以古人言誥，惟在達情，雖復時或取象，不必辭皆有意。若其言必托數經悉對文；斯乃鼓怒浪於平流，震驚飆於靜樹；使教者煩而多惑，學者勞而少功；過猶不及，良爲此者也！炫嫌焯之煩雜，就而刪焉，雖復微稍省要，又好改張前義；義更太略，辭又過華；雖爲文筆之善，乃非開奬之路，義旣無義，文又非文，欲使後生若爲領袖，此乃炫之所失，未爲得也！』揚榷諸家，儻亦辭嚴予奪具有裁斷者也耶！惟穎達悞以梅賾以上之書爲壁中古文而爲之正義；反斥鄭注書序之二十四篇，爲張霸僞造，而不知世所傳百兩篇者，出張霸，載漢書儒林傳甚明；而非鄭注書序之二十四篇。二十四篇者，合今文爲五十七，幷敘爲五十八；與漢書藝文志劉向別錄皆符；而合九共爲一，則十六篇；又與漢書藝文志相應；是實出於安國，自都尉朝以下，遞有師承，信而有徵者也。乃穎達云：「藝文志云『孔安國者，孔子後也，悉得其書，以古文又多十六篇』，卽是僞書二十四篇也」，是直斥安國所得之壁中古文爲僞書矣！夫梅氏之書，不知誰何妄人僞作，以誣安國？爲安國子孫者，當力辨其非；乃穎達竟信奉以爲先祖之書而曲爲回護；反斥其先祖之十六篇爲僞；是不祖其祖而祖他人！安國何不幸而有此不肖之孽孫哉！由是梅賾之僞孔傳行；而孔安國之古文尙書，馬融之所傳，鄭玄之所注者；胥偕今文歐陽大小夏侯以俱亡！夫書以道政事，儒者不能異說也。諸家聚訟，不外四端：曰今文古文，曰錯簡，曰禹貢山水，曰洪範疇數，漢儒發其端，而宋儒演其緒。然宋儒持論多與漢儒不同者；蓋漢儒重師法。宋學尙獨見漢儒好附會。宋儒病師心也。洪範疇數之說，始西漢今文家伏生大傳以下逮京房劉向諸人以陰陽災異附合洪範五事庶徵之文；而宋儒又流爲象數之學，惟圖書同異之是辨，經義愈不能明。獨泰州胡瑗翼之生於北宋盛時，學問最爲篤實，撰洪範口義二卷，務在發明天人合一之旨，不尙新奇。如謂『天錫洪範』爲錫自帝堯，不取神龜負文之瑞；謂五行次第爲箕子所陳，不辨洛書本文之多寡；謂五福六極之應，通於四海，不當指一身而言；駁正梅傳孔疏，自抒心得。又詳引周官之法，推演八政；以經注經，特爲精確；其要皆歸於建中出治，定皇極爲九疇之本；辭雖平近，而深得聖人立訓之要；遠勝漢儒托聖經而演禨祥也！惟瑗明天人合一之旨，立說尙本漢儒；而臨川王安石介甫則直持天人不相與，天變不足畏之論，以破伏生董仲舒劉向言洪範五行災異之蔽；撰洪範傳一卷，以庶徵所謂『若』者，不當訓順，當訓如；蓋人君之五事，如天之雨暘寒燠風而已。安石說經好爲新解，類如是矣！神宗初，安石以尙書入侍，遂與政；而子雱元澤實嗣講事；有旨爲之說；成新經尚書十三卷以進；詔下其說太學，頒焉，雩蓋述其父之學；王氏三經義，此其一也。自是朝廷用王氏之說進退多士。迨徽欽之際，說經者宗焉。獨眉山蘇軾子瞻撰東坡書傳十三卷，多駁異其說。今王氏新經尚書不傳，不能盡考二家同異。但就東坡書傳而論，則軾究心經世之學，明於事勢，又長於議論，於治亂興亡，披抉明暢。其釋禹貢三江，定爲南江中江北江，本諸鄭玄，遠有端緒；惟未嘗詳審經文，考覈水道，而附益以味別之說；遂以啓後人之議。至於以羲和曠職爲貳於羿而忠於夏，則侯官林之奇拙齋宗之；以康王之誥服冕爲非禮，引左傳叔向之言爲證，則建陽蔡沈九峯取之。朱子語錄亦稱其解呂刑篇以『王享國百年耄』作一句，『荒度作刑』作一句，甚合於理；後與蔡沈帖，雖有『蘇氏失之簡』之語；然語錄又稱「或問『諸家書解誰最好？莫是東坡？』曰：『然！』又問：『但若失之太簡。』曰『亦有只須如此解者。』」則又未嘗以簡爲病。洛閩諸儒以程子被軾譏訶之故，與軾水火，獨於此書有取焉！蓋宋儒之說書者，實推軾及林之奇最條暢云！之奇之持論力排王氏新經，與蘇軾同指；中紹興二十一年進士第，累轉校書郎。南渡以後，王氏新經之說已替，而朝廷欲令學者參用其說。之奇上言：『王氏三經，率爲新法也。晉人以王何清談之罪，深於桀紂。本朝靖康禍亂，考其端倪，王氏實負王何之責。在孔孟書，正所謂邪說詖行淫辭之不可訓者。』雖深文周內，未爲實錄；然之奇說書頗多新解；撰尚書全解四十卷雖止洛誥，不爲全解；而中以陽鳥爲地名，三俊爲常伯常任準人，皆未嘗依傍前人；至其辨析異同，貫穿史事，覃思積悟，實卓然成一家言；呂祖謙之書學，卽受諸之奇者也。龍游夏僎柯山雖不及之奇之門；然撰尚書辭解二十六卷，反覆條暢，博采梅氏僞孔孔穎達王安石蘇軾林之奇及諸儒之說，深究詳繹，使唐虞三代之大經大法，燦然明白；而其中取林之奇之說者，實什之六七；蓋淵源在是矣！至金華呂祖謙伯恭初本受學於之奇，撰東萊書說十卷；先之秦誓費誓者，欲自其流而上泝於唐虞之際也；辭旨所發，不能不敷暢詳至者，欲學者易於覽習，而優游饜飫以蘄深造自得也；訖於洛誥而遂以絕筆者，蓋之奇書以是終，而祖謙卽以是始；所以終始師說，爲尚書一家之學也。雖然，凡此諸儒，皆据梅賾僞孔傳而莫適疑爲僞者！疑之，自武夷吳棫才老始！其言曰：『伏生傳於既耄之時；而安國爲隸古；又特定其所可知者；而一篇之中，一簡之內，其不可知者，蓋不無矣；乃欲以是盡求作書之本意，與夫本末先後之義，其亦可謂難矣！而安國所增多之書，今書目具在，皆文從字順；非若伏生之書，屈曲聱牙，至有不可讀者！夫四代之書，作者不一。乃至二人之手而遂定爲二體乎？其亦難言矣！』撰書裨傳十三卷；首卷舉要；曰總說，曰書序，曰君辨，曰臣辨，曰考異，曰詁訓，曰差牙，曰孔傳，凡八篇；惟其書始出，未爲世所深信。故新昌黃度文叔名輩雖視棫差後；吳棫宣和六年第進士紹興中爲太常丞忤秦檜出爲泉州通判而度紹興間登進士寧宗時爲御史劾宰相韓侂胄等而撰尚書說七卷，其訓詁仍以僞孔傳爲主。獨朱子超然遠覽，亦疑孔傳之僞而著其說於語錄曰：『某疑孔安國書是假書；比毛公書如此高簡，大段省事。漢儒訓釋文字，多是如此；有疑則闕。今此卻盡釋之。豈有千百前人說底話，收拾於灰燼屋壁中，與口傳之餘，更無一字訛舛？理會不得如此可疑也？兼小序皆可疑？堯典一篇，自說堯一代爲治之次序，至讓於舜方止。今卻說是讓於舜後方作。舜典，亦是見一代政事之終始，卻說歷試諸難，是爲要受讓時作也。至後諸篇皆然。況他先漢文章，重厚有力量。他今大序格致極輕，卻疑是晉宋間文章。況孔書是東晉方出；前此諸儒皆不曾見。可疑之甚？』是其抉摘孔傳，視棫尤精確不磨者矣！顧朱子晚欲作書傳，未及爲；遂以屬門人蔡沈。沈，字仲默，號九峯，建陽人；元定之子也元定本名儒，尤精洪範之數；然未及論著，曰：『成吾書者沈也！』沈受父師之托，沉潛反覆者數十年；然後成書集傳六卷，洪範皇極內篇五卷，發明先儒之所未及。其辨今古文曰：『按漢儒以伏生之書爲今文，而謂安國之書爲古文。以今考之；則今文多艱澀，而古文反平易。或者以爲古文自伏生女子口授鼂錯時失之；則先秦古書所引之文，皆已如此；恐其未必然也？或者以爲記錄之實語難工，而潤飾之雅詞易好；故訓誥誓命，有難易之不同；此爲近之。然伏生倍文暗誦，乃偏得其所難。而安國考定於科斗古書錯亂磨滅之餘，反專得其所易；則又有不可曉者？至於諸序之文，或頗與經不合，而安國之序，又絕不類西京文；亦皆可疑？獨諸序之本不先傳，則賴安國之序而見。』可謂闡明師說，淵源有自者也！其論洪範數曰：『體天地之撰者，易之象。紀天地之撰者，範之數。數始於一奇，象成於二偶。奇者，數之所以立。偶者，數之所以行。故二四而八，八卦之象也。三三而九，九疇之數也。由是八八而又八八之爲四千九十六而象備矣。九九而又九九之爲六千五百六十一而數周矣。易更四聖而象已著。範錫疇禹而數不傳。』乃衍洪範九數爲八十一章，而配以月令節氣，欲以擬易；實本易家焦京之術，特變易數爲洪範以新耳目；蓋開演範之一派者，實自沈始焉。惟朱子之說尙書，主於通所可通而闕其所不可通；見於語錄者不啻再三；而沈之撰書集傳，於殷盤周誥，一一必求其解。自序稱二典三謨經朱子點定，而究其實所謂朱子點定者，亦不免有所竄易。故宋末蘭溪金履祥仁山及元儒休寧陳櫟定宇鄱陽董鼎季亨，皆篤信朱子之學者；而履祥作尙書表注，櫟作書傳折衷，鼎作書傳纂注，咸於沈集傳斷斷有辭。其說禹貢，大率用衢州毛晃之說。蓋晃撰禹貢指南四卷，其書大抵引爾雅周禮漢志水經注九域志諸書，而旁引他說以證古今山水之原委，頗爲簡明。雖生於南渡之後，僻處一隅，無由睹中原西北之古蹟，一一統核其眞；而援據考證，獨不泥諸儒附會之說；故沈集傳多用之；亦言禹貢山水者所當考證矣！然宋儒言禹貢山水者，莫詳於休寧程大昌泰之，莫卓於義烏傅寅同叔。蓋大昌喜談地理之學，嘗以吏部尙書兼經筵，進講禹貢；闕文疑義，疏說甚詳。是禹貢實爲大昌專門之學；所著雍錄及北邊備對，皆刻意冥搜，考尋舊蹟；而禹貢論六卷，證辨尤詳；其中前論五卷，於江水河水淮水漢水濟水弱水黑水，皆糾舊傳之誤。後論一卷，則專論河水汴水之患；而殿以山川地理圖二卷。惟禹跡大抵在中原，而大昌生當南渡，地非親歷，不能闕疑，以此爲孝宗所斥；要其援据釐訂，實爲博洽；後世注禹貢者，終不能廢其說也。至傅寅所撰之禹貢說斷四卷，博引衆說，斷以己意；具有特解，不肯蹈集前人。其論孟子『決汝漢排淮泗而注之江』爲古溝洫之法；尤爲諸儒所未及；可謂卓然能自抒所見者！足與毛晃之禹貢指南，程大昌之禹貢論，驂駕而三矣！特毛晃之禹貢指南，見採於蔡沈集傳；而程傅二家，則蔡氏採者少耳。寧宗之世，正蔡氏集傳初出之時。而安福陳經顯之撰尚書詳解五十卷，獨取古注疏，參以新意，與蔡氏頗有異同；雖援後世之事以證古經，或以駁雜爲嫌；然趙岐注孟子，漢儒已有此例；於經之說書奚病！句櫛字比，疏證詳明，往往發先儒所未發；實足與林之奇夏僎諸家相爲羽翼；固無庸拘蔡氏之學，執一格以相繩也！蒲江魏了翁鶴山者，嘗問業於蔡氏之同門建昌李燔敬子趙州輔廣漢卿；而爲朱子之再傳弟子也；然仍篤信梅氏僞孔傳之說；摘梅傳孔疏精要之說，標以目次，撰尚書要義十七卷，序說十卷，未免拘虛！然梅賾當東晉之初去古未遠，先儒舊義，往往而存；注尚書者要於諸家爲最古！而孔穎達正義，詮釋謹嚴，不立同異而原原本本，考證粲然；故朱子語錄亦謂『尚書名物典制，當看疏文；』然尚書文既聱牙，注疏又復浩汗，學者卒業爲艱。了翁汰其冗長，使後人不病於蕪雜，而一切考證之實學，已精華畢擷；是亦梅傳孔疏之功臣矣！宋儒疑梅傳孔氏古文之非眞者，自吳棫朱子蔡沈始。既併伏生今文而疑之者，自趙汝談始。汝談字南塘，宋之宗室，撰書說三卷中疑古文非眞者五條，蓋吳棫朱子蔡沈之所嘗疑，而未若汝談之決也。然於伏生所傳諸篇，亦多所掊擊觝排；儻亦變本加厲者耶！然而勇於疑經，師心自用，未有如金華王柏魯齋之甚者也！蓋柏勇於疑經之不已，抑又勇於改經；撰書疑九卷，動以脫簡爲辭，臆爲移補；其併舜典於堯典，删除姚方興所撰二十八字；合益稷於皋陶謨；此有孔穎達正義可據者也。以大禹謨皋陶謨爲夏書；此有左傳可據者也。以論語『咨爾舜』二十二字，補『舜讓於德弗嗣』之下；其爲堯典本文，抑或爲他書所載，如鬻子述帝王遺語之類，已不可知？以孟子『勞之來之』二十二字，補『敬敷五教在寬』之下；則孟子明作堯言，柏乃以爲舜語，已相矛盾；然亦尚有論誠孟子可據也。至於堯典皋陶謨說命武成洪範多士多政八篇，則純以意爲易置；一概托之於錯簡；有割一兩節者，有割一兩句者，何脱簡若是之多？而所脱之簡又若是之零星破碎，長短參差，其簡之長短廣狹，字之行款疏密，茫無一定也。考劉向以中古文校歐陽大小夏侯三家經文，酒誥脱簡一，召誥脱簡二；率簡二十五字者，脱亦二十五字。簡二十二字者，脱亦二十二字。文字異者七百有餘。脱字數十。載漢書藝文志。此實發見脱簡之始。然向既校知脱簡，自必一一改正；必不聽其仍前錯亂。又惟言『酒誥脱簡一，召誥脱簡二，』則其餘併無脱簡可知，亦非篇篇悉有顛倒。且『簡二十五字者脱二十五字，簡二十二字者脱二十二字，』具有明文，則必無全脱一章一段之事。而此二十餘字之中，亦必無簡首恰得句首，簡尾恰得句尾，無一句割裂不完之事也。而栢乃托脱簡之説，師心自用，勇於改經若此！然宋儒解書之作，亦有不以師心爲病，而以輯佚爲功者。閩人黄倫彝文撰尚書精義五十卷，薈萃諸説，依經臚載，不加論斷，間有同異，亦兩存之。其所徵引，自漢迄宋，亦極賅博；惟編次不以時代。每條皆首列錢塘張九成子韶之説；或者疑卽襲九成所著尚書詳説五十卷，而僞托黄氏。然九成詳説之目，僅見宋史藝文志，久經湮晦；即使果相沿襲，亦未嘗不可藉是書以傳九成書也。他如楊氏繪顧氏臨周氏範李氏定司馬氏光張氏沂上官氏公裕王氏日休王氏當黃氏君兪顏氏復胡氏伸王氏安石王氏雱張氏綱孔氏武仲孔氏文仲陳氏鵬飛孫氏覺朱氏震蘇氏洵吳氏孜朱氏正大蘇氏子才等，當時著述，並已散佚；遺章賸句，猶得存什一於是編。體裁雖涉泛濫，而裒輯之勤，要亦不可盡沒矣！然宋儒尙書諸家最盛，傳者蔡沈。沈雖承吳棫朱子之後，疑孔傳古文之僞；然言性言心言學之語，宋人據以立敎者，其端皆發自古文；故沈雖疑之而不敢論定也。其分編今文古文，自元儒湖州趙孟頫子昂始。其置古文而專釋今文，自崇仁吳澄草廬始。惟孟頫以書畫名後世，罕知其通經者；乃能灼知古文尙書之僞，撰書今古文集註而序之曰：「詩書禮樂春秋皆經孔子删定筆削，後世尊之以爲經。秦火之後，樂遂無復存。詩書禮春秋，西漢以來，諸儒有意復古，殷勤收拾，而作僞者出焉！學者不察，尊僞爲眞，俾得並行，以售其欺；書之古文是已。嗟夫！書之爲書，二帝三王之道，於是乎在；不幸而至於亡！於不幸之中幸而有存者！忍使僞亂其間耶！又幸而覺其僞，忍無述焉以明之，使天下後世常受其欺耶！余故分今文古文而爲之集註焉。嗟夫！可與知者道，難與俗人言也！余恐是書之作，知之者寡而不知者之衆也！昔子雲作法言，時無知者；曰：『後世有子雲，必愛之矣。』庸詎知今之世無與我同志者哉？』惜孟頫之書不傳，而與孟頫同志者，時獨有一吳澄。澄贈別孟頫詩云：『識君維揚驛，玉色天人表，伏梅千載事，疑讞一了也』者也！因撰書纂言四卷，專釋今文。自序謂『晉世晚出之書，別見於後。』然此四卷以外，實未釋古文一篇也。考漢代治尙書者，伏生今文傳爲大小夏侯歐陽三家。孔安國古文別傳都尉朝庸生胡常自爲一派。是今文古文本各爲師說。澄專釋今文，尙爲有合於古義，非王柏書疑舉歷代相傳之古經，肆意刊削者比；惟其顚倒錯簡，皆以意自爲，則與王柏同譏；然要與孟頫不失爲元儒之錚錚者也！元仁宗延祐二年，議復貢舉，定尙書義用蔡沈集傳。休寧陳櫟定宇初作書傳折衷，頗論蔡氏之失；迨法制既定，乃改作尙書集傳纂疏凡六卷；於蔡傳有增補，無駁正，而駁正蔡傳之尙書折衷，乃佚不傳。自序稱：『聖朝科舉興行，諸經四書，一是以朱子爲宗。書宗蔡傳，固亦宜然』云云。蓋延祐設科以後，功令如斯，故不敢有所出入也。然元制猶兼用梅傳孔疏。故吉水王充耘與耕作書義矜式，主張題義須依功令，仍得本梅傳孔疏立說，而不用蔡傳也。允耘撰讀書管見二卷，所說與蔡傳尤多異同；其中如謂堯典乃舜典之緣起，本爲一篇，故曰虞書；謂九族既睦，既當訓盡；謂象以典刑，爲各象其罪而加之，非垂象之意；謂同爲逆河，以海潮逆入而得名；皆非故爲異說者。至彭蠡陳師凱則又於名物度數，蔡傳所稱引而未詳者，一一博引繁稱，析其端委；然蔡傳歧誤之處，則不復糾正；蓋如孔穎達諸經正義，主於發揮注文，不主於攻駁注文也。獨明太祖聰明首出，考驗天象，知蔡傳日月五星運行之說不合，詔徵天下儒臣定正之，命翰林院學士劉三吾等總其事，書成，賜名書傳會選凡六卷。每傳之下，繫以經文及傳音釋；於字音字義字體辨之甚詳；其傳中用古人姓氏古書名目，必具出處，兼亦考證典故；於蔡傳之合者存之，不預立意見以曲肆詆排；其不合者則改之，亦不堅持門戶以巧爲回護；計所糾正凡六十六條。中如堯典謂天左旋，日月五星違天而右旋，高宗肜日謂祖庚繹於高宗之廟，西伯戡黎謂是武王，洛誥惟周公誕保文武受命惟七年謂周公輔成王之七年；皆採諸家之說以弼蔡傳之違。是洪武中尚不以蔡傳爲主。其專主蔡傳，定爲功令者，則始自明成祖時行在翰林院學士胡廣等之奉敕撰書傳大全；大旨本陳櫟陳師凱，主於發明蔡傳。蔡傳舊爲六卷，大全分爲十卷。自是蔡氏傳成不刊之典；而梅氏孔傳亦若存若亡矣！然明儒有灼知梅氏孔傳之僞而駁之者，旌德梅鷟因宋吳棫朱子及元吳澄之說，作尙書考異五卷，尙書譜五卷。尙書譜尙以空言詆斥，無所依據。如謂孔壁之十六篇，出於孔安國所爲；實以臆斷之，別無確證。又謂東晉之二十五篇，出於皇甫謐所爲，則但據孔穎達疏引晉書謐傳從其姑子外弟梁柳得古文一語，其說亦在影響之間。獨尙書考異謂孔安國序幷增多之二十五篇，悉雜取傳記中語以成文，則指摘皆有依據；又如謂瀍水出谷城縣，兩漢志並同；晉始省谷城入河北，而孔傳乃云出河南北山；積石山在西南羌中，漢昭帝始元六年，始置金城郡；而孔傳乃云積石山在金城西南；孔安國卒於漢武時，載在史記，則猶在司馬遷以前，安得知此地名乎？其爲依托，尤佐證顯然。連江陳第季立作尙書疏衍四卷，乃篤信梅氏孔傳，以朱子疑之爲非；而於梅鷟尙書考異尙書譜三編，詆排尤力，以爲譸張爲幻，過矣！然第學問淹博，所著毛詩古音考屈宋古音義諸書，皆援據該洽，具有根柢；其作是書，雖其初不由訓詁入，而實非師心臆斷以空言說經者比；如論舜典五瑞五玉五器，謂不得以周禮釋虞書，斥注疏家牽合之非；其理確不可易；論武成無錯簡，洪範非龜文，亦足破諸儒穿鑿附會之說；正未可以拘泥古文排詆梅鷟一事少之矣！惟梅鷟之攻古文，蒐采未周，考證尙疏，人多不信！其昌言排擊，盡發癥結者，則始於淸儒太原閻若璩百詩。若璩年二十，讀尙書至古文二十五篇，卽疑其僞，沈潛三十年，乃引經據古，撰古文尙書疏證八卷，一一陳其矛盾之故。所列一百二十八條，其最精者謂：「漢書藝文志言『魯共王壞孔子宅，得古文尙書。孔安國以考二十九篇，得多十六篇。』楚元王傳亦云：『逸書十六篇，天漢之後，孔安國獻之。』古文篇數之見於西漢者如此、而梅賾所上，乃增多二十五篇。此篇數之不合也。杜林馬鄭皆傳古文者。据鄭氏說：則增多者，舜典汩作九共大禹謨益稷五子之歌嗣征典寶湯誥咸有一德伊訓肆命原命武成旅獒冏命凡十六篇；而九共有九篇，故亦稱二十四篇，今晚出書無汩作九共典寶等。此篇名之不合也。鄭康成注書序，於仲虺之誥太甲說命微子之命蔡仲之命周官君陳畢命君牙皆注曰亡；而於汩作九共典寶肆命等皆注曰逸；逸者，卽孔壁書也。康成雖云『受書於張恭祖』，然書贊稱『我先師子安國亦好此學。』則其淵源於安國明矣；今晚出書與鄭名目互異；其果安國之舊耶古文傳自安國，後惟康成所注者得其眞。今文傳自伏生，後惟蔡邕石經所勒者得其正。今晚出書『宅嵎夷』，鄭作『宅嵎鐵』；『昧谷』，鄭作『柳谷』；『心腹腎腸』，鄭作『憂腎陽』；『劓刵劅剠』，鄭作『臏宮劓割頭庶剠』，與眞古文既不同矣。石經殘碑遺字見於洪适隸釋者五百四十七字。以今孔書校之，不同者甚多。碑云：『高宗之饗國百年』，與今書之『五十有九年』異。孔敍三宗，以年多少爲先後；碑以傳敍爲次；則與今文又不同。然後知晚出之書，蓋不古不今，非伏非孔，而欲別爲一家之學者也。書序益稷本名棄稷，馬鄭王三家本皆然；蓋別是一篇，中多載后稷與契之言。揚子雲法言孝至篇云：『言合稷契之謂忠，謨合皋陶之謂嘉。』子雲親見古文，故有此言。晚出書析皋陶謨之半爲益稷，則稷與契初無一言；子雲豈鑿空者耶？班孟堅言：『司馬遷從安國問故。』故堯典禹貢洪範微子金縢諸篇多古文說。許愼說文解字亦云：『其稱書孔氏。』今以史記說文與晚出書相校，又甚不合。安國注論語『予小子履，』以爲墨子引湯誓，其辭若此；不云『此出湯誥，』亦不云『與湯誥小異。』然則『

予小子履』云云，非眞古文湯誥，蓋斷斷也。其注『雖有周親，不如仁人』句；於論語則云『親而不賢，不忠則誅之；管蔡是也。仁人謂箕子微子，來則用之。』於尙書則云『周，至也；言紂至親雖多，不如周家之多仁人。』其詮釋相懸絕如此！豈一人之手筆乎？傳義多與王肅注合，乃孔竊王，非先有孔說而王取之也。漢儒說六宗者，人人各異。王肅對魏明帝，乃取家語孔子曰『所宗者六』之語；肅以前未聞也，而僞傳已有之；非孔竊王而何？」可謂信而有徵矣！惟若璩謂馬鄭注本亡於永嘉之亂，則殊不然。考二家之注，隋書藝文志尙皆著目，稱『所傳惟二十九篇；』蓋去其無師說者十六篇，止得二十九篇，與伏生數合；非別有一本注孔氏書也。若璩誤以鄭逸者卽爲所注之逸篇，不免千慮之一失。又史記漢書但有安國上古文尙書之說，並無受詔作傳之事；此僞本鑿空之顯證，亦辨僞本至要之肯綮；乃置而未言，亦稍疏略；然反覆釐剔，以祛千古之大疑。蕭山毛奇齡大可好爲駁辨，乃作古文尙書寃詞八卷，百計以抵若璩之罅；然終不能以强辭奪正理；則有據之言，先立於不可敗也。元和惠棟定宇遂因若璩之說，續加考證，成古文尙書考二卷，以益闡明鄭玄二十四篇之卽孔壁眞古文焉。然刊正經文，疏明古注，棟猶未之逮也。由是嘉定王鳴盛西莊搜羅鄭注，益以馬王傳疏，以注二十九篇；又作案以釋鄭義，於馬王傳疏之與鄭異者，則條析其非，折衷鄭氏；成尚書後案三十卷。吳縣江聲艮庭又廣集漢儒之說以注二十九篇；漢注不備，則旁考他書，精研故訓，成尚書集注音疏十二卷；皆因惠棟之說，鳴盛嘗問學於棟，而聲則棟之弟子也。而以鄭學爲宗，證以許愼說文，輔以馬融傳誼；取僞孔之傳辭而闢之，黜其贋而存其眞。古文尚書之學，乃煥焉重光！其後金壇段玉裁懋堂撰古文尚書撰異三十二卷，陽湖孫星衍淵如撰尚書今古文注疏三十卷，武進劉逢祿申受撰尚書今古文集解三十卷，則又間緝今文與古文異同。其中段玉裁於司馬遷史記之異馬鄭者，皆擠爲今文說，斥今文不如古文。獨孫星衍持平於西漢今古文，而知伏生今文書大傳說之勝於馬鄭古文；然於今文歐陽大小夏侯之學三家師說之異同者，又不暇致詳也。邵陽魏源默深乃撰書古微十二卷以發明西漢尚書今文之微言大義，而闢東漢馬鄭古文之鑿空無師傳曰：『治尚書者知東晉梅賾之僞，以返於馬鄭古文本，此齊一變至魯也。知馬鄭古文說之肊造無師授，以返於西漢伏生歐陽夏侯及孔安國問政之學，此魯一變至道也。』侯官陳喬樅樸園又益采摭經史傳注及諸子百家之說，成歐陽夏侯經說考一卷，今文尚書敍錄一卷，今文尚書經說考三十三卷；實事以求是，必溯師承；沿流以討源，務隨家法；而參詳考校，則亦有取於馬鄭之傳注，爲之旁證引伸。於是今文尚書之學，亦以興廢繼絕。惟淸季善化皮錫瑞鹿門撰書經通論，謂『馬鄭古文與今文駁異，當與僞孔同一不可信者。』則與魏源同其趣而與喬樅有取馬鄭之旨微乖矣！斯亦今文學者之後勁也！其他治禹貢者，於淸儒當推德淸胡渭朏明，因嘗與閻若璩共修一統志，得縱觀天下郡國之書；而渭素習禹貢，謂唐孔氏宋蔡氏於地理多疏舛。如三江當主鄭康成『左合漢爲北江，右合彭蠡爲南江，岷江居其中則爲中江』之說；『浮於淮泗，達於河，』河當從說文作菏；『滎波旣瀦，』當從鄭康成本作播；梁州之黑水，與導川之黑水不可溷而爲一；乃博稽載籍及古今經解，考其同異而折衷之；依經爲訓，章別句從，名曰禹貢錐指，凡二十卷，爲圖四十七篇；於九州山川形勢及古今郡國分合異同道里遠近夷險，犂然若聚米而畫沙也！漢唐以來，河道遷徙，雖非禹貢之舊，要爲國計民生所繫；故於導河一章備考歷代決溢改流之迹而表以圖。蓋宋以來傅寅程大昌毛晃而下，注禹貢者數十家。精核典贍，此爲冠矣！當塗徐文靖位山撰禹貢會箋十二卷，又因渭所已言而更推尋所未至，博據諸書，斷以己意，較之渭書，益爲精密；蓋繼事者易爲功也。渭又撰洪範正論五卷，大旨以禹之治水，本於九疇。故首言『鯀堙洪水』，繼言『禹乃嗣興』，終言『天乃錫禹』，則洪範爲體，而禹貢爲用，互爲推闡，厥義乃彰；然主於發明奉若天道之理，而不爲漢儒之陰陽災異，宋儒之象數圖書。其辨證前人之說，如謂『漢人專取災祥，推衍五行，穿鑿附會，事同纖緯。其病一。洛書本文，即『五行五事』至『五福六極』二十字；惟『敬用農用』等十八字，乃爲禹所加，與危微精一之心法同旨；初一初二至次九，不過是次第名目，亦非龜文所有。龜之有文，如木石之文理，有可推辨，又如魯夫人公子友有文在手之類；宋儒創爲黑白之點，方圓之體，九十之位，變書而爲圖，以至九數十數，劉牧蔡季通紛紜更定。其病二。又洪範原無錯簡，而宋儒王柏等任意改竄。其病三。』皆切中舊說之失。蓋渭經術湛深，學有根柢，故所論一軌於理，而於漢儒附會之談，宋儒變化之論，咸能一掃而廓除之也！寶應成孺芙卿撰禹貢班義述二卷。蓋漢書地理志言『推表山川，』本釋禹貢；兩漢經師遺說，多存其中；孺據以釋本經，最得家法；援據精博，顓門之學也！又以班義述詳於考古；乃復擬撰禹貢今地釋一書，首取今地釋漢地，更取漢地證禹蹟，期補前書之未備，而惜未成書也！殷虛甲骨者，遜清光緒戊戌己亥間，河南安陽縣西北五里之小屯，洹水厓岸，爲水齧而崩，得龜甲牛骨，鐫古文字，所記皆殷先王室所卜祭祀征伐行幸田獵之事；故殷先公先王及土地之名，所見甚衆。上虞羅振玉叔言撰殷虛書契考釋，兼及書契中所見之人名地名及制度典禮，審釋殷帝王名號。海寧王國維靜安纘成其業，成殷卜辭中所見先公先王考續考及殷周制度論各一卷；其尤得意者，商自成湯以前，絕無事實；史記殷本紀，惟據世本紀其世次；而國維於甲骨中發見王亥王恆之名，及上甲以下六代之世系，以甲骨文證補尚書，而治尚書者闢一新塗徑，爲好事者之所誦說云！纂尚書志第三。

詩志第四

詩者，所以導達性靈，歌詠情志者也。在心爲志，發言爲詩；故哀樂之心感而歌詠之聲發，誦其言謂之詩，咏其聲謂之歌；故古有采詩之官，王者所以觀風俗，知得失，自考正也。夏殷以上，詩多不存。姬周始自后稷，而公劉克篤前烈；太王肇基王迹；文王光昭前緒；武王克平殷亂；成王周公化至太平，誦美盛德，踵武相繼。幽厲板蕩，怨刺並興。其後王澤竭而詩亡！魯太師摯次而錄之，得三千餘篇。及至孔子，去其重，取可施於禮義，上采商，下取魯，凡三百五篇。曰：「詩三百，一言以蔽之，曰『思無邪』」。詩者持也，持人情性。關雎之亂以爲風始。鹿鳴爲小雅始。文王爲大雅始。淸廟爲頌始。風者，聖賢治道之遺化。雅以爲後世法。頌誦德廣以美之。三者詩之體也。風有周南召南，有邶風鄘風衞風王風鄭風齊風魏風唐風秦風陳風檜風曹風豳風。舊說二南者正風；十三國者變風也。上以風化下；下以風刺上；主文而譎諫，言之者無罪，聞之者足戒；故曰風。至於王道衰，禮義廢，政教失，國異政，家殊俗，而變風變雅作矣；國史明乎得失之迹，傷人倫之廢，哀刑政之苛，吟咏性情以風其上，達於事變而懷其舊俗者也；故變風發乎情，止乎禮義；發乎情，民之性也。止乎禮義，先王之澤也。是以一國之事繫一人之本謂之風。言天下之事，形四方之風，謂之雅。雅者正也，正言其事，言王政之所由廢興；而與風之主文譎諫者殊科也。政有大小，故有小雅焉，有大雅焉。頌有周頌，有魯頌，有商頌。頌者，美盛德之形容，以其成功告於神明者也。是謂四始，詩之至也。作詩之法：敍物以言情謂之賦，情盡物者也。索物以託情謂之比，情附物者也。觸物以起情謂之興，物動情者也。賦比興三者與風雅頌幷稱爲六義。先王以是敬夫婦，成孝敬，厚人倫，美教化，移風俗。不離日用間，有福天下萬世之意；周南也。至誠淳恪，秋毫不犯；召南也。君子處變，淵靜自守；邶風也。翩翩有俠氣，齊風也。憂思深遠，唐風也。秋聲朝氣，秦風也。深知民情而直體之，豳風也。忠厚之至，小雅也。振刷精神，宣王小雅也。深遠，大雅也。鋪張事業，宣王大雅也。天心布聲，周頌也。謹守禮法，魯頌也。天威大聲，商頌也。孔子皆弦歌之，以求合韶武雅頌之音；詔羣弟子曰：『不學詩，無以言。小子何莫學夫詩？』卜商子夏問曰：「巧笑倩兮，美目盼兮，素以爲絢兮。』何謂也？」子曰：『繪事後素。』曰：『禮後乎？

』孔子曰：『商也始可與言詩已矣！』孔子刪詩授卜商。商乃纂括詩人本旨爲三百十一篇作序；史記孔子世家云詩三百五篇孔子皆弦歌之此不數六笙詩也子夏作序時六笙詩猶存授魯人曾申子西。申授魏人李克。克授魯人孟仲子。孟仲子授根牟子。根牟子授趙人荀卿名況，年五十，始遊學於齊。齊襄王時，荀卿最爲老師，著爲詩禮易春秋。而以詩傳魯人毛亨，齊人浮邱伯。魯人申培公少時嘗與國人穆生白生及楚人劉交俱學詩於浮邱伯；交，字游，漢高祖同父少弟也；及秦焚書，各別去。漢興，交爲楚元王。而高祖過魯，申公以弟子從浮邱伯入見於魯南宮。呂太后時，浮邱伯在長安。元王遣子郢客與申公俱卒學。申公始爲詩傳，號魯詩；而元王亦撰次詩傳，號曰元王詩，世或有之。元王薨，郢客嗣立爲楚王，令申公傅太子戊。戊不好學，病申公。及戊立爲王，胥靡申公。申公愧之！歸魯，退居家敎，終身不出門。弟子自遠方至受業者千餘人，而弟子爲博士二千石者十餘人，居官皆有稱；其學官弟子行雖不備而至於大夫郎掌故以百數。魯孔安國傳古文尚書，然亦受詩申公，稱高第弟子。申公獨以詩經爲訓故以敎，亡文；而有魯故二十五卷，魯說二十八卷，見漢書藝文志；蓋弟子傳錄之口義也；疑者則闕勿傳。蘭陵王臧既從受詩，已通，事景帝爲太子少傅，免去。武帝初即位，臧乃上書宿衞，累遷，一歲至郎中令。及代趙綰亦嘗受詩申公，爲御史大夫。綰臧請立明堂以朝諸侯，不能就其事，乃言師申公。於是上使使束帛加璧安車以蒲裹輪，駕駟迎申公，弟子二人乘軺車從；至見上。上問治亂之事？申公時已八十餘老，對曰：『爲治者不在多言！顧力行何如耳！』是時上方好文辭，見申公對，默然！然已招致，即以爲大中大夫，舍魯邸，議明堂事。太皇竇太后喜老子言，不悅儒術，得綰臧之過以讓上，因廢明堂事，下綰臧吏，皆自殺！申公亦病免歸！申公卒以詩春秋授；而瑕丘江公盡能傳之，徒衆最盛！及魯許生，免中徐公，皆守學教授。魯國韋賢長孺治詩，事博士大江公大江公即瑕丘江公以異下博士江公故稱大及許生，兼通禮尚書，以詩教授，號稱鄒魯大儒，徵爲博士給事中；進授昭帝詩，稍遷光祿大夫詹事；至宣帝世，以先帝師，甚見尊重，官丞相。傳子玄成少翁。於元帝時，以太常受詔與太子太傅蕭望之及五經諸儒雜論同異於石渠閣；復以明經歷位至丞相。故鄒魯諺曰：『遺子黃金滿籯，不如一經！』蓋爲玄成父子言之也。玄成兄子賞以詩授哀帝，至大司馬車騎將軍。由是魯詩有韋氏學。東平王式翁思者，事免中徐公及許生，受詩，爲昌邑王師。昭帝崩，昌邑王嗣立，以行淫亂廢。昌邑羣臣皆下獄誅；惟中尉王吉郎中令龔遂以數諫減死論；式繫獄當死。治事使者責問曰『師何以亡諫書？』對曰：『臣以詩三百五篇朝夕授王；至於忠臣孝子之篇未嘗不爲王反復誦之也！至於危亡失道之君，未嘗不流涕爲王深陳之也！臣以三百五篇諫，是以亡諫書。』使者以聞，亦得減死論；歸家不教授。沛郡薛廣德長卿山陽張長安幼先事式；後東平唐長賓沛褚少孫亦來事式。問經數篇？式謝曰：『聞之於師具是矣！自潤色之。』不肯復授。唐生褚生應博士弟子選，詣博士，摳衣登堂，頌禮甚嚴；試誦說，有法，疑者丘蓋不言。諸博士驚問何師？對曰：『事式。』皆素聞其賢，共薦式。詔除下爲博士。式徵來，衣博士衣而不冠；曰：『刑餘之人，何宜復充禮官！』既至，止舍中。會諸大夫博士共持酒肉勞式，皆注意高仰之。博士江公世爲魯詩宗；至江公著孝經說，心嫉式；謂歌吹諸生曰：『歌驪駒。』驪駒者，逸詩篇名，客欲去，歌之者也。於是式言曰：『聞之於師。客歌驪駒，主人歌客毋庸歸。今日諸君爲主人，日尙早，未可也：』江翁曰：『經何所言之？』式曰：『在曲禮。』江翁曰：『何狗曲也！』式恥之，陽醉遏墜。式客罷，讓諸生曰：『我本不欲來。諸生强勸我，竟爲豎子所辱！』遂謝病免歸終於家。弟子薛廣德溫雅有醞藉，以魯詩教授。楚國龔勝君賓龔舍君倩師事焉。蕭望之爲御史大夫除廣德爲屬，數與議論器之；薦廣德經行宜充本朝，爲博士，論石渠，遷御史大夫。而張生唐生褚生皆爲博士。張生論石渠，至淮陽中尉。唐生，楚太傅。由是魯詩有張唐褚氏之學。張生兄子游卿爲諫大夫，以詩授元帝。其門人王扶爲泗水中尉。陳留許晏字偉君初受魯詩於王扶，改學曰許氏章句。儒林諺曰『殿上成羣許偉君』。由是張家有許氏學。此又魯詩之支流與裔也。齊詩始於齊人轅固固作詩內外傳；孝景時，以治詩爲博士，與黃生爭論於上前。黃生曰：『湯武非受命，迺殺也！』固曰：『不然。夫桀紂荒亂。天下之心皆歸湯武。湯武因天下之心而誅桀紂。桀紂之民弗爲使而歸湯武。湯武不得已而立，非受命爲何？』黃生曰：『冠雖敝，必加首。履雖新，必貫足。何者？上下之分也。今桀紂雖失道，然君上也。湯武雖聖，臣下也。夫主有失行，臣不正言匡過以尊天子，反因過而誅之代立南面；非殺而何？』固曰：『必若云，是高皇帝代秦卽天子之位，非耶？』於是上曰：『食肉毋食馬肝，未爲不知味也。言學者毋言湯武受命，不爲愚！』遂罷。竇太后好老子書，召問固？固曰：『此家人言耳！』太后怒曰：『安得司空城旦書乎?』道家以儒法爲急比之於律令也迺使固入圈擊彘。上知太后怒，而固言直無辜；迺假固利兵下。固刺彘正中其心，彘應手而倒。太后無如何。後上以固廉直，拜爲清河太傅；疾免。武帝初即位，復以賢良徵。諸儒多嫉毀曰：『固老！』罷歸之。時固已九十餘矣。菑川公孫弘，固弟子也；亦徵，仄目視固。固曰：『公孫子務正學以言，無曲學以阿世。』諸齊以詩顯貴，皆固之弟子也。魯人夏侯始昌最能傳固學。始昌亦事公孫宏；以齊詩尚書教授。自董仲舒韓嬰死後，武帝得始昌甚重之。時昌邑王以少子愛，爲選師；始昌爲太傅。后蒼，字近君，東海人也；事夏侯始昌。始昌通五經。蒼亦通詩禮，而詩有齊后氏故二十卷，齊后氏傳三十九卷，見漢書藝文志；爲博士，至少府；授學同郡翼奉少君蕭望之長倩匡衡稚珪三人。經術皆明。衡爲後進；望之施之政事；而奉惇學不仕，好律曆陰陽之占。元帝初即位；諸儒薦之，徵待詔宦者署，言事數驗；宴見天子，敬焉。自稱於天子曰：「臣聞之師曰：『天地設位，懸日月，布星辰，分陰作定四時，列五行，以視聖人；名之曰道。聖人見道，然後知王治之象，故畫州土，建君臣，立律曆，陳成敗，以視賢者；名之曰經。賢者見經，然後知人道之務，則詩書易春秋禮樂是也。易有陰陽，詩有五際，詩內傳曰五際卯酉午戌亥也陰陽終始際會之歲於此則有變改之政也春秋有災異，皆列終始，推得失，考天心以言王道之安危。至秦乃不悅，傷之以法，是以大道不通，至於滅亡。』今陛下聖明，深懷要道，燭臨萬方。臣奉竊學齊詩，聞五際之要。十月之交篇，知日蝕地震之效，昭然可明，猶巢居知風，穴處知雨，亦不足多，適所習耳。』以郎中爲博士諫議大夫。由是齊詩有翼氏學；最爲后蒼高第弟子者也。蕭望之好學，治齊詩，事后蒼且十年，以令詣太常受業，復事同學博士白奇；又從始昌族子夏侯勝問論語禮服？京師諸儒稱述焉。宣帝聞望之名，拜爲謁者，累遷至二千石，寖益任用；以言事見罪，遂見廢，不得相爲太子太傅。以論語禮服授皇太子，卽元帝也；尋拜前將軍，受遺詔輔政，領尚書事。匡衡於望之爲後生；然好學，尤精力過絕人。諸儒爲之語曰：『無說詩，匡鼎來！匡說詩，解人頤！』衡射策甲科，除爲太常掌故，調補平原文學，學者多上書薦衡『經明，當世少雙！今爲文學就官；京師後進，皆欲從衡平原；衡不宜在遠方。』事下太子太傅蕭望之少府梁邱賀問衡對詩諸大義？其對深美。望之奏『衡經學精習，說有師道，可觀覽。』宣帝不甚用儒；遣衡歸官。而皇太子見衡對，私善之；元帝卽位，以爲郎中，遷博士，給事中，爲太子少傅，數上疏陳便宜及朝廷有政議傳經以對言多法義；遂拜丞相，封樂安侯。子咸亦明經，歷位九卿。家世多爲博士者。由是齊詩有匡衡之學。衡授琅琊師丹、公仲、伏理斿君、潁川滿昌君都。君都爲詹事，授九江張邯、琅琊皮容，皆至大官；徒衆極盛。理以詩授成帝，爲高密太傅，家世傳業。而丹爲哀帝大司空，以言事不合上意，策免；尚書令唐林上疏爲訟直言『丹經爲世儒宗，德爲國黃耇；』尤爲有名。由是齊詩有師丹、伏理之學。長安班伯少受詩於師丹；以妹爲成帝倢伃，帝舅大將軍王鳳薦伯宜勸學；召見晏昵殿，容貌甚麗，誦說有法，拜爲中常侍。時上方鄉學，平陵鄭寬中少君、河內張禹子文，朝夕入說尚書論語於金華殿中。詔伯受焉，郎通大義，又講異同於長安許商長伯；累官侍中光祿大夫！禁中設宴飲之會。伯言：『詩書淫亂之戒，其原皆在於酒。』上迺喟然歎曰：『吾久不見班生！今日復聞讜言！』遂罷酒。此齊詩之學也。韓詩出自燕人韓嬰。嬰推詩人之意而作內外傳數萬言，其語頗與齊魯間殊；然指歸則一；有韓內傳四卷，韓外傳六卷，韓故三十六卷，韓說四十一卷，見漢書藝文志；祇存外傳，析十篇，其及經蓋寡，而遺說往往見於他書；不知果韓生原書否也？燕趙間言詩者由韓生。韓生，孝文時爲博士；景帝時至常山太傅；亦以易授人；推易意而爲之傳。燕趙間好詩，故其易微；唯韓氏自傳之。武帝時，嬰嘗與董仲舒論於上前，其人精悍，處事分明；仲舒不能難也。後其孫商爲博士。孝宣時涿郡韓生，其後也；以易徵，待詔殿中；曰：『所受易，卽先太傅所傳也；嘗受韓詩，不如韓氏易深；太傅故專傳之。』司隸校尉蓋寬饒本受易於東海孟喜；見涿韓生說易而好之；卽更從受焉。顧韓生之易卒不傳。韓生之詩，授之淮南賁生，河內趙子；而趙子以授同郡蔡誼。誼以明經給事大將軍衞青幕府。昭帝時，詔求能爲韓詩者，徵誼待詔，久不進見。誼上疏曰：『臣山東草萊之人，行能亡所比，容貌不及衆；然而不棄人倫者；竊以臣聞道於先師，自托於經術也。願賜清閒之燕，得盡精思於前。』上召見誼說詩，甚悅，擢爲光祿大夫給事中，進授昭帝。數歲，累拜丞相，封陽平侯；傳其學於同郡食子公與瑯琊王吉子陽。吉爲昌邑王中尉。而王好遊獵，驅馳國中，動作無節。吉引詩上疏諫爭，甚得輔弼之義；雖不治民，國中莫不敬重焉！昌邑王敗，吉以罪廢。宣帝時，徵起爲博士諫大夫。而食子公亦爲博士，授泰山栗豐。吉授淄川長孫順。順爲博士。豐部刺史。而順授東海髮福，豐授山陽張就，皆至大官，徒衆尤盛。由是韓詩有王食長孫之學。韓詩與齊韓魯詩三家並立學官，置博士；然齊轅固燕韓生之師說莫詳？其爲傳或取春秋，采雜說；咸非其本義與不得已；而儒者以爲魯最爲近。何者？魯申公之學，傳自荀卿而溯之子夏，於三家爲有據也。魯國毛亨亦受學荀卿，以毛詩別自名家，自謂子夏所傳；惟子夏序詩，篇義各編；遭戰國至秦而南陔六詩亡！亨乃引序，各冠篇首；作故訓傳三十卷，多記古文，倍詳前典，或引申，或假借，或互訓，或通釋，或文生上下而亡害，或辭用順逆而不違，要明乎世次得失之迹，而吟咏情性，有以合乎詩人之本旨。故曰：『讀詩不讀序，無本之教也！讀詩與序而不讀故訓傳，失守之學也！』文簡而義贍，語正而道精，以授趙國毛萇。時人謂亨爲大毛公，萇爲小毛公。二毛公詩用古文。魯齊韓三家則用今文。漢書藝文志載『詩經二十八卷，魯齊韓三家。毛詩二十九卷。』是經文惟毛詩爲別本；而魯齊韓三家經則同一本；蓋今古文殊也。惟序用子夏，則三家與毛詩同。觀蔡邕本治魯詩而所作獨斷載魯頌三十一篇之序二句與毛序文有詳略而大旨略同唐書藝文志稱韓詩卜商序韓嬰注二十二卷是韓詩亦有序其序亦稱出子夏矣 顧毛詩不得置博士與三家並。獨河間獻王修學好古，於國中立毛氏詩博士；以毛萇爲之。萇授同國貫長卿。長卿授齊人解延年。延年爲阿武令，授虢徐敖。世之言毛詩者本之徐敖。敖授九江陳俠；而俠於平帝之世，公車徵說詩，自是毛詩始得列於漢廷，爲置博士焉。王莽篡漢位，以陳俠爲講學大夫；授詩九江謝曼卿，爲詩訓。旣光武中興，立五經博士。易施孟梁邱，書歐陽夏侯，禮大小戴，春秋嚴顏，皆用今文；獨詩齊魯韓毛今古文並立。顧炎武言後漢書儒林傳詩齊魯韓毛毛字爲衍文然毛詩初不大顯！於時魯詩世家稱平原高詡季回。自其曾祖父嘉以魯詩授元帝，仕上谷太守。父容少傳嘉學，哀平間爲光祿大夫。詡以父任爲郎中，世傳魯詩，以信行淸操知名。王莽篡位，父子稱盲逃不仕莽世。光武卽位，再徵爲博士，尋拜大司農，在朝以方正稱。而齊詩世家，稱瑯琊伏湛惠公。其九世祖勝傳尙書，所謂濟南伏生者也；自父理學詩匡衡，別自名學，傳業於湛，敎授數百人，成帝時，以父任爲博士弟子。王莽敗，倉猝兵起，天下驚擾，而湛獨晏然，不廢敎授。光武卽位，知湛名儒舊臣，才堪宰相，徵拜尙書，再遷大司徒，封陽都侯。弟黯字稚文，以明齊詩，改定章句，作解說九篇；位至光祿勳。黯子恭，字叔齊，太常試經第一，拜博士，遷常山太守，敦修學校，敎授不輟。由是北州多爲伏氏學；明帝時，天子臨辟雍，於行禮中拜恭爲司空。儒者以爲榮！初父黯章句繁多，恭迺省減浮辭，定爲二十萬言。旣肅宗行饗禮，遂拜恭爲三老；於詩學最爲儒宗也！韓詩世家，稱淮陽薛漢公子；世習韓詩，有薛氏章句二十二卷，見隋書經籍志。漢傳父業，尤善說災異讖緯，教授常數百人。光武即位，爲博士，受詔校定圖讖。當世言詩者推漢爲長！弟子犍爲杜撫叔和，京兆廉范叔度，會稽澹臺敬伯，鉅鹿韓伯高最知名；而撫才尤高，傳漢學，定韓詩章句；弟子千餘人；所作詩題，（下有脫字按華陽國志云林撫作詩通議說）文約義通，學者傳之曰杜君注。此魯齊韓三家詩世家也。其它治魯詩者；曰太傅南陽卓茂子康，司徒扶風魯恭仲康及弟侍中丕叔陵。諫議大夫沛陳宣子興，大鴻臚會稽包咸子良，騎都尉任城魏應君伯，侍御史豫章陳重景公，南頓令豫章雷義仲公，太尉汝南李咸元章，處士鄮李炳子然，瑯琊王傅陳留蔡朗仲明，屯騎校尉山陽魯峻仲嚴。治齊詩者；曰伏波將軍扶風馬援文淵，處士蜀郡任末叔本，廣漢景鸞漢伯，大鴻臚潁川陳紀元方。治韓詩者，曰長沙太守汝南郅惲君章，太山都尉梁國夏恭敬國，雲陽令扶風朱勃叔陽，處士會稽趙曄長君，閬中令巴郡楊仁文義，光祿勳壽春召馴伯春，武威太守安定李恂叔英，郎中豫章唐檀子產，處士山陽張匡文通，遼東屬國都尉北海公沙穆文乂，處士汝南廖扶文起，車騎將軍巴郡馮緄鴻卿，大將軍安定梁商伯夏，司空河內杜喬叔榮，大尉宏農劉寬文饒，東海相京兆韋著休明，皆有名字載在史策。而韓詩極盛。趙曄受學杜撫，撰韓詩譜二卷，詩神泉一卷。又有侯苞者，作韓詩翼要十卷，見隋書經籍志。獨東海衞宏敬仲扶風賈逵景伯於中興之初，學毛詩於謝曼卿；而逵作齊魯韓詩與毛氏異同；又有毛詩雜議難十卷，見隋書經籍志；則非篤信於毛者也。獨宏作毛詩序，善得風雅之旨。河南鄭衆仲師汝南許愼叔重亦稍稍治毛詩。然在廷諸臣，猶崇韓故，兼習魯訓。而作毛詩傳者自扶風馬融季長始也。北海鄭玄康成初從東郡張恭祖受韓詩；旣事馬融，治詩乃一於宗毛；毛義若隱略，則更表明；如有不同，卽下己意而爲識別，如今人之簽記，積而成帙，凡二十卷，謂之曰箋。鄭箋行而毛學昌，三家微矣！然鄭箋兼用韓魯，以補缺拾遺於毛；與毛傳時有異同。炎漢祚衰，三國分崩，魏有太子文學東平劉楨公幹撰毛詩義問十卷；祕書郎劉璠撰毛詩義四卷，毛詩箋傳是非二卷；謝沈撰毛詩注二十卷，毛詩釋義十卷，見隋書經籍志；不知於義云何？獨太常東海王肅子雍灼知鄭箋之異毛，撰毛詩義駁八卷，毛詩問難二卷，毛詩奏事一卷以申毛難鄭；益闡毛義，撰毛詩注二十卷。而司空東萊王基伯輿撰毛詩答問駁譜合八卷，見隋書經籍志。其中毛詩駁五卷，則申鄭玄而難王肅者也。由是毛詩有鄭玄王肅二家之學。此魏之治毛詩者也：吳之治毛詩者：有太常卿徐整撰毛詩譜三卷；侍中韓昭侍中朱育等撰毛詩答雜問七卷，見隋書經籍志，皆不傳。獨太子中庶子烏程令吳郡陸璣元恪撰毛詩草木蟲魚疏二卷，爲後人輯佚，廑存。蓋蟲魚草木，今昔異名；年代迢遙，傳疑彌甚！而璣去古未遠，疏解猶爲得眞；後來之箋毛者，咸以璣書爲據也。末附四家詩源流四篇；而毛詩爲特詳者，則宗毛之故也。蜀之治毛詩者無聞！而治韓詩者：魏有中尉河東崔琰季珪。吳有會稽都尉廣陵張紘子綱。蜀有大鴻臚蜀郡杜瓊伯瑜，安漢令蜀郡何隋季業。而杜瓊著韓詩章句十餘萬言。至崔琰晚事鄭玄，當亦兼習毛故者也。齊魯之詩，學者耗矣亡焉！晉禪魏祚，韓詩雖存，亦無傳者！儒生硏誦，獨有毛詩；而鄭王異說，攻難互起。長沙太守孫毓撰毛詩異同評十卷，恢張王說。而徐州從事陳統又明鄭義，作難孫氏毛詩評四卷。其它宏農太守河東郭璞景純撰毛詩拾遺一卷，給事郎楊乂撰毛詩辨異三卷，毛詩異義二卷，具見隋書經籍志；疑乂毛公之補缺拾遺者也。宋齊梁陳，繼晉而作。言毛詩者：則宋有中散大夫徐廣撰毛詩背隱義二卷；奉朝請孫暢之撰毛詩引辨一卷，毛詩序義七卷；金紫光祿大夫何偃撰毛詩釋一卷；通直郎雷次宗撰毛詩序義二卷，毛詩義一卷；交州刺史阮珍之撰毛詩序注一卷。齊有處士劉瓛撰毛詩序義疏四卷，毛詩編次義一卷；顧歡撰毛詩集解敍義一卷。梁有武帝撰毛詩發題序義一卷，毛詩大義十一卷；簡文帝撰毛詩十五國風義二十卷；桂州刺史崔靈恩集注毛詩二十四卷；給事郎謝曇濟撰毛詩檢漏義二卷；處士陶弘景毛詩序注一卷；何胤撰毛詩隱義十卷；舒援撰毛詩義疏二十卷；具見隋書經籍志。皆謹守毛公而爲之箋明疏證其義爾！獨宋奉朝請業遵所注，立義多異，凡二十卷，謂之業詩；雖世所不行，然於毛詩極盛之後，卓然自名家而不欲爲毛公之輿臺，亦可謂畸士也！北學宗毛，無殊南朝；其著有成書者，則有魏之安豐王元延明撰毛詩誼府二十八卷；太常卿劉芳撰毛詩箋音證十卷；蕭歸散騎常侍沈重撰毛詩義疏二十八卷。隋有太學博士景城劉炫光伯撰毛詩述義四十卷，毛詩集小序一卷；信都劉焯士元撰毛詩義疏二十九卷；國子助教餘杭魯世達撰毛詩章句義疏四十卷，毛詩幷注音八卷。其間聰穎特達，曰焯曰炫，並稱二劉；箋毛疏義，文而又儒；擢秀幹於一時，騁絕轡於千里，固諸儒之所揖讓，日下稱爲無雙者也！所惜者，負恃才氣，輕鄙先達，同其所異，異其所同，或應略而反詳，或宜詳而更略，準其繩墨，差忒未免，勘其會同，時有顚躓！至唐貞觀十六年，詔國子祭酒孔穎達等因鄭玄之箋，撰定毛詩正義四十卷；而鄭學日章，王注以熸；其書以劉焯義疏、劉炫述義爲藁本，删其所繁，增其所簡，而草木蟲魚則取裁陸璣之疏；故能融貫羣言，包羅古義，集毛學之大成！終唐之世，人無異辭，惟穎達正義之於詩序，引舊說云：「起『關雎后妃之德也』，至『用之邦國焉』，名關雎序，謂之小序。自『風風也』訖末，名爲大序。」沈重云：「案鄭詩譜意，大序是子夏作，小序是子夏毛公合作。卜商意有不盡，毛公足成之。」或云：「小序是東海衞敬仲所作。」具列兩說，而不爲論定。蓋其愼也！獨成伯璵撰毛詩指說一卷，乃据鄭詩譜意而定小序首句爲子夏所傳，其下爲毛萇所續。謂「衆篇之小序，子夏惟裁初句耳！『葛覃，后妃之本也。』『鴻雁，美宣王也。』如此之類是也。其下皆大毛公自以詩中之意而繫其辭云爾。雖佐證未備，而決別疑似，於說詩者亦足以裨參證焉！然自孔穎達而後，說詩者莫敢疑毛鄭；雖老師宿儒，亦謹守小序。至宋而新義日增，舊說幾廢；推原所始，實發端於廬陵歐陽修永叔。修文章名一世，而經術亦復湛深；撰毛詩本義十六卷。其書先爲論以辨毛鄭之失，然後斷以己見。凡爲說一百有四篇，統解十篇，時世本末二論，豳魯序三問；而補亡鄭譜及詩圖總序附於後。然修之言曰：『後之學者，因迹先世之所傳而較得失，或有之矣！使徒抱焚餘殘脫之經，倀倀於去聖人千百年後，不見先儒中間之說，而欲特立一家之學者，果有能哉？吾未之信也。』又曰：『先儒於經不能無失；而所得固已多矣。盡其說而理有不通，然後以論正之。』是修作是書，本出於和氣平心，以意逆志；故其立論雖不曲徇毛鄭，而亦未嘗輕議毛鄭。後之學者或務立新奇，自抒獨得，甚者刪竄二南，則變本加厲之過；固不得以濫觴之始歸咎於修矣！修之門下士眉山蘇轍子由乃撰詩集傳二十卷。其說以詩之小序，反覆繁重，類非一人之辭；疑爲毛公之學，衞宏之所集錄；而不取子夏之說；因惟存其發端一言而餘文悉刪。然轍於毛公之說曰：『獨採其可者見於今傳；其尤不可者，皆明著其失。』是轍於毛公之學，亦未一筆抹殺而務持其平；猶之修之用心也。臨川王安石介甫與蘇轍同輩；而神宗倚畀作相，置經義局，以安石提舉修定其新經詩義三十卷，大指依據毛公；安石訓其義，而訓其辭者則其子雱元澤。蓋亦王氏新經三書之一也。安石又撰字說二十卷以相輔翼，與三經并頒學官，於是宋之學風一變。然多襲其義理而傳安石名物訓詁之學者，曰山陰陸佃農師，仙遊蔡卞元度。佃，安石客；卞，安石壻也。佃作埤雅；卞作毛詩名物解，大指皆以字說爲宗。而卞之書二十卷，凡十一類；曰釋天釋百穀釋草釋木釋鳥獸釋蟲釋魚釋馬雜釋雜解。論者或詆其議論穿鑿，徵引瑣碎，無裨於經義。然徵引發明，有出於陸機草木蟲魚疏孔穎達正義外者。安石之新經詩義不傳，而卞之學出於安石；此可以考見安石新經詩義之一斑焉。然安石新經詩義，於毛公尙少訶辭，而詆毛公，廢詩序，毅然力持昌言不忌者；其自南宋莆田鄭樵漁仲始乎！樵之學雖自成一家，而師心自是，撰夾漈詩傳辨妄二十六卷，大指以爲『毛詩自鄭毛既箋之後，而學者篤信康成，故此書專行，齊魯韓三家遂廢；致令學者只憑毛氏，且以序爲子夏所作，更不敢擬議。蓋事無兩造之辭，則獄有偏聽之惑。』極言毛序之不可偏信也。然設以聽訟爲喩；詩者其事也。齊魯韓毛，則證驗之人也。毛詩本書具在，流傳甚久；譬如其人親身到官，供指詳明，具有本末者也。齊魯韓三家本書已亡，於他書中間見一二，而眞僞未可知？譬如其人元不到官，又已身亡，無可追對；徒得之風聞道聽以爲其說如此者也。今捨毛詩而求證於齊魯韓；猶聽訟者以親身到官所供案牘爲不可信，乃採之於旁人傳說而欲以斷其事。論者不以爲允也。既朱子撰詩集傳二十卷而殿以詩序辨說，以大小序自爲一編而辨其是非；蓋用鄭樵之說也。然考朱子注詩，蓋兩易稿；其初藁全宗小序，卷首自序作於淳熙四年，中無一語斥小序；蓋猶初藁之序。金華呂祖謙伯恭撰呂氏家塾讀詩記，中引『朱子曰』者，卽採朱子注詩初稿說也。朱子與祖謙交最契，其初論詩亦最合；顧朱子晚年改從鄭樵而自變前說；而祖謙仍堅主毛鄭。故祖謙沒，朱子作家塾讀詩記序，稱『少時淺陋之說，伯恭父誤有取焉。既久，自知其說有未安，或不免有所更定；伯恭父反不能不置疑於其間。熹竊惑之！方將與反覆其說以求眞是之歸；而伯恭父已下世！』蓋深不平於祖謙之故見自封。然迄後攻序宗序兩家角立相爭而不能以偏廢；嗜祖謙書者終不絕也！祖謙書三十二卷，博採諸家，存其名氏；先列訓詁，後陳文義，翦截貫穿，如出一手；有所發明，則別出之，蘄以闡發詩人『躬自厚而薄責於人』之旨；蓋宋儒詩學之詳正，未有逾於祖謙者也！惟公劉以後，編纂已備，而條例未竟；學者惜焉！崇德輔廣漢卿者，初從呂祖謙遊，後復從朱子講學，即世所稱慶元輔氏也。顧輔氏撰詩童子問十卷，大指主於掊擊詩序，羽翼詩集傳；與祖謙說詩之宗序者不同。而慶元王應麟伯厚旁採諸書所引齊魯韓三家詩逸文，撰詩考一卷；中採韓詩較夥，齊魯二家廑寥寥數條。蓋韓詩最後亡；唐以來注書之家，引其說者多也。後之輯三家詩者，或訾應麟爲未備。然古書散佚，蒐採爲難。後人踵事增修，較創修自易爲力。篳路繿縷，終當以應麟爲首庸也。自序稱：『漢言詩者四家，師異指殊。賈逵撰齊魯韓與毛氏異同，梁崔靈恩採三家本爲集注。今惟毛傳鄭箋孤行，韓僅存外傳，而魯齊詩亡久矣。諸儒說詩，壹以毛鄭爲宗，未有參考三家者。獨朱文公集傳多從韓詩，一洗末師專己守殘之陋。嘗語門人：『文選注多韓詩章句，欲寫出。』應麟竊觀傳記所述三家緒言，尚多有之；罔羅遺佚，傳以說文爾雅諸書，萃爲一編，以扶微學，廣異義；亦文公之意云爾。讀集傳者，或有考於斯。」亦朱子集傳之羽翼也。慈谿楊簡敬仲撰慈湖詩傳二十卷，大要本孔子無邪之旨，而據後漢書之說，以小序爲出自衛宏，不足深信；要與朱子無大殊。其它箋釋文義，如以『聊樂我員』之『員』爲姓；以『六駁』爲赤駁之譌；以『天子葵之』之葵爲有向日之義，間有附會穿鑿。然其於一名一物，一字一句，必斟酌去取，旁徵遠引，曲暢其說；其考核六書則自說文爾雅以及史傳之音注，無不悉蒐；其訂正訓詁，則自齊魯毛韓以下以至方言雜說，無不博引；可謂折衷同異，自成一家之言者！至篇中所論，謂左傳不可據，謂爾雅亦多誤，謂鄭康成不善作文，甚至自序之中以大學之釋淇澳爲多牽合，而詆子夏爲小人儒；斯又大言炎炎，而爲朱子之所不敢出者。蓋簡之學出陸九淵；九淵固謂『學苟知道，六經皆我注脚；』而朱子尚信經傳，道問學也。然簡之放言自恣，無所畏避，尙不如金華王柏魯齋之甚也！柏之學，雖淵源於朱子；而撰詩疑二卷，則攻駁毛鄭不已，併本經而攻駁之；攻駁本經不已，又併本經而刪削之。其以行露首章爲亂入，據列女傳爲說，猶有所本也。以小弁『無逝我梁』四句爲漢儒所妄補，猶曰『其詞與谷風相同，』似乎移綴。以下泉末章爲錯簡，謂與上三章不類，猶著其疑也。至於召南刪野有死麕，邶風刪靜女，鄘風刪桑中，衞風刪氓有狐；王風刪大車丘中有麻；鄭風刪將仲子遵大路有女同車山有扶蘇蘀兮狡童褰裳丰東門之墠風雨子衿野有蔓草溱洧；秦風刪晨風；齊風刪東方之日；唐風刪綢繆葛生；陳風刪東門之池東門之枌東門之楊防有鵲巢月出株林澤陂凡三十二篇。按書中所列之目實止三十一篇疑傳刻者脫其一篇 又曰『小雅中凡雜以怨誹之語，可謂不雅！予今歸之王風；且使小雅粲然整潔。』其所移之篇目雖未具列；其降雅爲風，已明言之矣。又曰：『桑中當曰采唐，權輿當曰夏屋，大東當曰小東。』則并篇名改之矣。顧柏亦自知詆斥聖經，或爲公論所不許，乃托詞於漢儒之竄入。至於謂碩人第二章形容莊姜之色太褻，黃鳥乃淺識之人所作；則更直排孔子刪定之失當，不復托詞於漢儒矣！此又楊簡之所不敢者也！元儒金華許謙益之稱受學於王柏；而於柏詩疑所欲刪之國風三十二篇，則疑而未敢遽信。論者或斥謙存已放之鄭聲也！見蘭溪吳師道正傳爲謙撰詩集傳名物鈔序 然謙撰詩集傳名物鈔八卷，考訂名物音訓，咸有依據；信足以補朱子之放闕焉！同時有安福劉瑾公瑾者，其學問淵源亦出朱子；撰詩傳通釋二十卷，發明集傳，與輔廣詩童子問相同。惟廣書皆循文演義，而瑾兼辨訂故實；雖證實蹈虛不同，然義理一也。蓋宋以前之說詩者，罔不毛鄭是宗。歐陽修蘇轍而後，別解漸生。鄭樵朱子而後，異幟高張。迄末年，乃古義黜而新學立；故有元一代之說詩者，無非朱傳之箋疏。許謙之詩集傳名物鈔，劉瑾之詩傳通釋，兩書其尤著者也。至仁宗行科舉法，定爲功令。而明制因之。永樂間，行在翰林學士胡廣等奉敕撰詩經大全二十卷，亦主於闡揚朱傳，遵憲典也。然元人篤守師傳，有所闡明，皆由心得。明則靖難以後，耆儒宿學，略已喪亡。廣等無可與謀，乃剽竊舊文以應詔。此書名爲官撰，實本劉瑾之詩傳通釋而稍損益之。惟改其中『瑾案』二字爲『劉氏曰。』又劉書以小序分隸各篇；是書則從朱子舊本合爲一篇，小變其例而已。自是宋學昌而漢義紬，朱傳行而毛詩廢矣！然明儒詩學，亦有宏究漢義，而不宗朱傳者。監利李先芳伯承撰讀詩私記二卷，釋義多從毛鄭；毛鄭有所難通，則參之呂祖謙讀詩記，嚴粲詩緝。其自序曰：『文公謂小序不得小雅之說，一舉而歸之刺。馬端臨謂文公不得鄭衞之風，一舉而歸之淫。胥有然否，不自揣量，折衷其間。』蓋不專主一家，故議論宏通，絕無區分門戶之見。如說鄭風子衿，仍從學校之義，則不取宋學；謂國風小雅初無變正之名，則不從漢說；至楚茨南山等四篇，則小序與集傳之說並存，不置可否；蓋小序皆以爲刺幽王，義有難通；而集傳所云，又於古無考，故闕所疑也；

雖援據不廣，時有闕略；要其大綱，則與鑿空臆撰者殊矣！然猶折衷漢宋也！明宗室朱謀瑋鬱儀撰詩故十卷，乃專以毛詩小序爲主而考證以舊說。其曰詩故者，蓋漢書藝文志載詩類有魯故齊后氏故齊孫氏故韓故毛詩故訓傳，顏師古注：『故者，道其旨意也。』謀瑋是書，蓋用漢儒之舊名；故其說詩亦多以漢學爲主，與朱子詩集傳多所異同。其間自立新義者，如以小星爲晉御入直，以斯干爲成王營洛，周公所賦之類，似失之穿鑿。然謀瑋博極羣書，學有根柢，要異乎剽竊陳言。蓋自胡廣等五經大全一出，應舉窮經，久分兩事。謀瑋生長帝室，不藉應舉爲進取，乃得以研究遺文，發揮古義也。經術盛衰之故，此亦可知其大凡矣！迨明之亡也，吳江陳啓源長發撰毛詩稽古編三十卷。前二十四卷，依次解經，而不載經文，但表篇目；其無所論說，則併篇目亦不載；次爲總詁五卷，分六子目：曰舉要，曰考異，曰正字，曰辨物，曰數典，曰稽疑；末爲附錄一卷，則統論風雅頌之旨。訓詁一準諸爾雅；篇義一準諸小序；而詮釋經旨，則一準諸毛傳而鄭箋佐之；其名物則多以陸璣疏爲主；題曰毛詩，明所宗也；曰稽古編，明爲唐以前專門之學也；所辨正者，惟朱子集傳爲多；歐陽修詩本義，呂祖謙讀詩記次之；嚴粲詩緝又次之；所掊擊者，惟劉瑾詩集傳爲甚；輔廣詩童子問次之；但廣書皆循文演義，故所駁惟訓解之辭，而瑾書兼辨訂故實，故所駁多考證之語；其堅持漢學，不容一語之出入，雖未免或有所偏；然引據賅博，疏證詳明，一一皆有本之談。蓋明代說經諸儒，喜騁虛辨；迨清儒矯爲徵實之學以挽頹波；古義彬彬，於斯爲盛；而啟源實先河也！然當啟源之世，亦有兼綜漢宋，不主一家者；桐城錢澄之飲光，吳江朱鶴齡長孺，其尤著者也。澄之撰田間詩學十二卷，大旨以小序首句爲主，而非有意於攻朱子集傳；於漢唐以來之說，亦不主於一人；所採諸儒論說，自漢唐注疏朱子集傳以外，凡二程子張子歐陽修蘇轍王安石楊時范祖禹呂祖謙陸佃羅願謝枋得嚴粲輔廣眞德秀邵忠允季本郝敬黃道周何楷二十家。其中王楊范謝四家，今無傳本，蓋採於他書；陸羅二家本無詩注，蓋草木鳥獸之名，引其埤雅爾雅翼也；自稱毛鄭孔三家之書，錄者十之二；集傳錄者十之三；諸家各本錄之十之四；持論頗爲精核；而於名物訓詁山川地理，言之尤詳。嘗語人曰：『詩與尚書春秋相爲表裏，必考之三禮以詳其制作；徵諸三傳以審其本末；稽之五雅以核其名物；博之竹書紀年皇王大紀以辨其時代之異同與情事之疑信；卽今輿記以考古之圖經而參以平生所親歷。』亦可見其考證之切實矣！至鶴齡則與陳啓源同里，嘗序啓源之毛詩稽古編；而撰詩經通義十二卷，則自序稱『此書蓋與啓源商榷而成。』又稱：『啓源毛詩稽古編專崇古義。此書則參停於今古之閒。』蓋其專主小序，而兼綜漢宋，與澄之田閒詩學同。惟甄採較狹，於漢用毛鄭；唐用孔穎達；宋用歐陽修蘇轍呂祖謙嚴粲；並世用陳啓源；其釋音明用陳第，並世用顧炎武；其凡例九條及考訂鄭氏詩譜，皆具有條理；雖參用今古，與啓源之專崇古義者不同。然啓源之毛詩稽古編屢稱焉。惟啓源鶴齡與錢澄之三人者，明之遺老而非清儒也。清儒之傳經者，首推長州惠氏三世以經學著稱；而發祥者惠周惕字元龍也。著有易傳春秋三禮問及詩說，而詩說三卷最佳，其大旨：謂大小雅以音別，不以政別；謂正雅變雅，美刺錯陳，不必分六月以上爲正，六月以下爲變；文王以上爲正，民勞以下爲變；謂二南二十六篇皆房中之樂，不必泥其所指何人；謂天子諸侯，均得有頌，魯頌非僭；大抵引據確實，樹義深切，而於毛傳鄭箋朱傳無所專主，多自以己意考證；則又與錢澄之朱鶴齡之兼採漢宋，折衷同異者殊科。無錫顧棟高震滄撰毛詩類釋二十一卷。蓋析毛詩名物爲二十一類而爲之釋也。惟諸家之釋名物者，多泛濫以炫博；而棟高此書則採錄舊說，頗爲謹嚴；又往往因以發明經義，與但徵故實體同類書者有別；亦庶幾抒所自得能出新意者。然清儒說經之所爲別幟於宋元者，在能宏究漢義，辨明家法；其始也，闡揚毛鄭古文以破宋儒臆測之談；及其既也，則又旁採今文齊魯韓諸家逸文而駕之晚出毛鄭古文之上。至如惠戴二氏，抒所得而出新義；非所貴於清儒也。休寧戴震東原之撰毛鄭詩考正四卷，考正鄭氏詩譜一卷，杲溪詩經補注二卷；金壇段玉裁懋堂之撰毛詩故訓傳三十卷，詩經小學一卷，江都焦循理堂之撰毛詩補疏五卷；嘉應李黼平繡子之撰毛詩紬義二十四卷；桐城馬瑞辰元伯之撰毛詩傳箋通釋三十二卷；涇縣胡承珙墨莊之撰毛詩後箋三十卷；崇明陳奐碩甫之撰詩毛氏傳疏三十卷，毛詩說一卷，毛詩傳義類十九篇，釋毛詩音四卷，鄭氏箋考正一卷。而陳奐師事段玉裁，治毛詩說文，以爲鄭康成習韓詩，兼通齊魯，最後治毛詩；箋詩乃在注禮之後；以禮注詩，非墨守一氏；箋中有用三家申毛者，有用三家改毛者；因撰鄭氏箋考徵，而后知毛古文，鄭用三家從今文之不同術也；析毛鄭之殊恉，明音義之通借，迺放爾雅，編作義類，於一切聲音訓詁之用，天地山川之大，宮室衣服制度之精，鳥獸草木蟲魚之細，分別部居，各爲探索；久乃劃除條例章句，糅成作疏，擷取先秦之舊說，搴擇末漢之微言，置鄭箋而疏毛傳，署曰詩毛氏傳疏；蓋諸家之尤矜慎者矣！斯則闡揚毛鄭古文以破宋儒臆測之談者也。它如會稽范家相蘅洲之因宋王應麟詩考而輯三家詩拾遺十卷，視應麟書爲賅備矣！然猶未及侯官陳喬樅樸園也！自後嘉興馮登府柳東撰三家詩異文疏證一卷。邵陽魏源撰詩古微十七卷。吳江迮鶴壽青厓撰齊詩翼氏學四卷。而陳喬樅秉其家學，以父壽祺撰三家詩遺說考，未成；次第補緝，成魯詩遺說考六卷，齊詩遺說考四卷，韓詩遺說考五卷，各述授受源流而冠以敘錄一篇；又撰詩經四家異文考四卷，齊詩翼氏學疏證二卷。蓋喬樅之考據詳博，與魏源之議論宏辨，言今文者駢稱二難焉！晚清善化皮錫瑞鹿門撰詩經通論，亟稱陳考搜採之備，魏源駁辨之快；顧有不足於魏源之好創新說；曰：『解經是樸學，不得用巧思。解經須確憑，不得任臆說也。』然其右今三家而抑毛傳，實與魏源同指。斯又旁採今文齊魯韓諸家逸文而欲駕之晚出毛鄭古文之上者也。此外又有連江陳第季立之毛詩古音考，崑山顧炎武寧人之詩本音，曲阜孔廣森撝約之詩聲類，具詳小學聲韻篇，茲不復贅。篹詩志第四。

三禮志第五

禮起於何也？曰『人生而有欲；欲而不得，則不能無求；求而無度量分界，則不能不爭；爭則亂；亂則窮，先王惡其亂也，故制禮義以分之，以養人之欲，給人之求；使欲必不窮乎物，物必不屈於欲，兩者相待而長；是禮之所起。』而帝王質文，世有損益。至周曲爲之防，事爲之制，故曰『經禮三百，曲禮三千。』經禮三百，周禮是也。曲禮三千，儀禮是也。及周之衰，諸侯將踰法度，惡其害己，皆滅去其籍。於是孔子適周而問禮於老聃，追跡三代之禮；曰：『夏禮，吾能言之，杞不足徵也！殷禮，吾能言之；宋不足徵也！足則吾能徵之矣！』然觀殷周所損益；曰：『殷因於夏禮，所損益可知也。周因於殷禮，所損益可知也。其或繼周者，雖百世可知也。以一文一質，周監二代，郁郁乎文哉，吾從周！』故禮記自孔子，著稱太史公書。曰『禮記自孔子』者，世稱三禮，周禮記周官制；儀禮詳周義文，編著之圖籍，王謂之禮經，邦國官府謂之禮法，設之於官府，而布之於百姓，皆周朝之官書也；獨禮記自孔子；門人弟子，著所聞見，微言授受，協諸義而協；經天緯地本之則太一之初；原始要終，體之乃人情之欲；然後知禮者義之實也！禮之所尊，尊其義也。「循法則度量刑辟圖籍，不知其義，謹守其數，愼不敢損益也；父子相傳，以持王公；是故三代雖亡，治法猶存；是官人百吏之所以取祿秩；」周禮是也。「失其義，陳其數，祝史之事也；」儀禮是也。故其數可陳也，其義難知也，協諸義而協，則禮雖先王未之有，可以義起也！是禮記之所欲著也！夫禮者理之不可易者也。周禮之記官制，儀禮之詳儀文，此其所得與民變革者也。觀理之不可易者，蓋必於禮記之自孔子。而孔子之歿，葬魯城北泗上，冢大一項，弟子及魯人往從冢而家者百有餘室，因命曰孔里。故所居堂弟子內，後世因廟藏孔子衣冠車服禮器，而諸儒以時講禮鄉飲大射其冢焉。嬴秦坑儒，而陳涉之王，魯諸儒持孔氏之禮器，往歸陳王；於是孔甲爲陳涉博士，卒死涉之難！初項籍封魯公；及其死，楚地皆降漢，獨魯不下！漢高帝舉兵圍魯，魯中諸儒尚講誦習禮樂，絃歌之音不絕；豈非孔子之遺化，好禮樂之國哉！故漢興，太常叔孫通，徵魯諸生共起朝儀，諸學者多言禮，而魯高堂生最！禮固自孔子時而其經不具；及至秦焚書，散亡益多！於漢獨有士禮；士禮亦稱儀禮；曰士禮者，以其爲士之禮；稱儀禮者，以其記禮之儀文也。凡十七篇：士冠禮第一；童子任職居士位，年二十而冠；主人玄冠朝服，則是任於諸侯天子之士也。士昏禮第二；士娶妻之禮，以昏爲期，因而名焉。士相見第三；士以職位相親，始承摯相見之禮也。鄉飲酒禮第四；諸侯之鄉大夫，三年大比，獻賢者能者於其君，以禮賓之也。鄉射禮第五；州長春秋以禮會民，而射於州序之禮也。燕禮第六；諸侯無事，若卿大夫有勤勞之功，與羣臣燕飲以樂之也。大射禮第七；名曰大射者，諸侯將有祭祀之事，與羣臣射以觀其禮；數中者得與於祭；不數中者不得與於祭也。聘禮第八；大問曰聘，諸侯相於久無事，使卿相問之禮也。公食大夫禮第九；主國君以禮食小聘大夫之禮也。覲禮第十；覲，見也；諸侯秋見天子之禮也；春見曰朝，夏見曰宗，秋見曰覲，冬見曰遇。喪服第十一；天子以下死而相喪，衣服年月親疏隆殺之禮，而子夏爲之傳焉者也。士喪禮第十二；士喪其父母，自始死至於既殯之禮也。既夕第十三；喪禮之下篇也。士虞禮第十四；虞，安也；士既葬其父母，迎精而反，日中而祭之於殯室，以安之也。特牲饋食禮第十五；特牲饋食禮，非諸侯之士大祭祖禰也。少牢饋食禮第十六；諸侯之卿，祭其祖禰於廟之禮也。有司徹第十七；少牢之下半篇也。獨高堂生能言之。而魯徐生善爲容。孝文帝時，徐生以容爲禮官大夫。孝景帝時，嘗封皇子德爲河間王，餘爲魯王。顧河間王修學好古；而魯王好治宮室，壞孔子宅，欲以爲宮；而得古文於壞壁之中，逸禮有三十九。既，河間王從民求善書，得禮古經五十六篇，記百三十一篇，周官經五卷，皆古文舊書，不同高堂生士禮之爲今文。惟禮古經之十七篇與高堂生同而字多異；多三十九篇後世不傳，而其篇名頗見於他書；若天子巡狩禮見周官內宰注；朝貢禮見聘禮注；烝嘗禮見射人疏，中霤禮見月令注及詩泉水疏；王居明堂禮見月令禮器注；古大明堂禮見蔡邕論；又奔喪疏引逸禮，王制疏引逸禮，云皆升合於太祖；文選注引逸禮，云『三王禪云云，五帝禪亭亭』，皆古經之逸禮也。記百三十一篇者，出自孔氏。孔子歿後，七十二子之徒，共撰所聞以爲此記；後人各有損益。其中檀弓禮運疑子游門人記；中庸坊記表記子思所作；緇衣公孫尼子制；月令呂不韋撰；或錄舊禮之儀，或錄官禮所由，或兼記體履，或雜序得失；漢興，博士叔孫通乃纂錄之以爲記；蓋士禮之傳也，有冠義以釋士冠；有昏義以釋士昏；有鄉飲酒義以釋鄉飲；有射義以釋鄉射大射；有燕義以釋燕食；有聘義以釋聘禮；有朝儀以釋覲禮；

有四制以釋喪服；有問喪以釋士喪；有祭義祭統以釋特牲少牢有司徹；發明其義；蓋士禮者經，而記則其傳也；傳者，轉也，轉受經旨以授於後也。周官經五篇：天官冢宰第一，地官司徒第二，春官宗伯第三，夏官司馬第四，秋官司寇第五；李氏上之河間獻王者也；獨佚冬官一篇，王乃購千金不得，取考工記以補之；於諸經中最爲晚出。其書詳周之制度而不及道化；嚴於職守而闕略人主之身；傳者以爲周公作也。其分例雖密，而序官之義有二：一則以義類相從；如宮正宮伯同主宮中是；膳夫庖人外饔同主造食是。一則次敍一官之屬，不以尊卑爲先後，而以緩急爲次第；故宮正等士官在前，內宰等大夫官在後也。惟其後闕冬官一篇，河間取考工記合成六篇。按考工記稱『鄭之刀，』又稱『秦無廬，』鄭封於宣王時，秦封於孝王時，其非周公之典已無疑義；然奇古奧美，殆聖於文！或以爲東周後齊人所作，或以爲先秦書，未詳孰是也？雖不足以當冬官；然百工爲九經之一；共工爲九官之一；先王原以考工爲大事，以之殿周官之後，可以考見古代制器尚象之遺焉。惟周官雖出孝武，以爲末世瀆亂不經之書，故作十論七難以排棄之；雖入祕府而未傳也！獨士禮傳自高堂生，而魯徐生乃以善爲客世其家，傳子至孫徐延徐襄。襄其資性善爲容，不能通經。延頗能，未善也！襄亦以容爲大夫，至廣陵內史。延及徐氏弟子公戶滿意桓生單次皆爲禮官大夫。而瑕丘蕭奮以禮爲淮陽太守。然孝武以前，諸言禮爲容者由徐氏焉。孝武帝時，嘗行禮射於未央宮之曲臺。博士東海后蒼近君說禮數萬言，爲記，號曰后氏曲臺記。后蒼者，嘗學齊詩於魯夏侯始昌，而禮學則傳之同郡孟卿。卿，蕭奮弟子也。後之言禮者由后蒼，而徐氏無傳者。蒼校書曲臺，著曲臺后蒼九篇，見漢書藝文志；以授沛聞人通漢子方慶普孝公梁戴德延君戴聖次君。通漢以太子舍人論石渠，至中山中尉。普爲東平大傅。德爲信都大傅，號曰大戴。而聖者，德之從兄子也，號小戴；以博士論石渠，撰集石渠禮論四卷，卽漢書藝文志著錄議奏三十八篇也；并羣儒疑義十二卷，具見隋書經籍志。既出爲九江太守，行治多不法；前刺史以其大儒優容之；及蜀郡何武君公爲揚州刺史，行部，錄囚徒，有所舉以屬郡。聖曰：『後進生何知，迺欲亂人治！』皆無所決。武使從事廉得其罪。聖懼，自免；後爲博士，毀武於朝廷。武聞之，終不揚其惡。而聖子賓客爲羣盜。得，爲武繫治；聖自以子必死。武平心決之，卒得不死，自是後，聖漸服。武每奏事至京師，聖未嘗不造門謝恩。於是傳者莫不多武長者而誚聖之經生薄行也！聖與戴德皆受禮后蒼，而經十七篇之次第，記百三十一篇之去取，二戴無一相同。蓋戴德傳經十七篇次第，以冠禮第一，昏禮第二，相見第三，士喪第四，既夕第五，士虞第六，特牲第七，少牢第八，有司徹第九，鄉飲酒第十，鄉射第十一，燕禮第十二，大射第十三，聘禮第十四，公食第十五，覲禮第十六，喪服第十七。而戴聖亦以冠禮昏禮相見禮相次爲第一第二第三；其下則鄉飲第四，鄉射第五，燕禮第六，大射第七，士虞第八，喪服第九，特牲第十，少牢第十一，有司徹第十二，士喪第十三，既夕第十四，聘禮第十五，公食第十六，覲禮第十七。此經篇次第之不同也。戴德檢記百三十一篇，合明堂陰陽記三十三篇，孔子三朝記七篇，王史氏記二十一篇，樂記二十三篇，爲二百十四篇，取足以闡明經旨者，得八十五篇，謂之大戴記。而戴聖別删定四十九篇，謂之小戴記。小戴記傳而大戴記逸四十五篇，其存目自三十九篇始，無四十三，四十四，四十五，六十一四篇；有兩七十四；然各本不同，或兩七十三，或兩七十二。其逸文往往見引他書；如班固白虎通引禮謚法，王度記，三正記，別名記，親屬記，五帝記；少牢饋食禮注引禘於太廟禮；疏云大戴禮文周禮注引王霸記；蔡邕明堂月令論引佋穆篇；王充論衡引瑞命篇；應劭風俗通引號諡記；皆大戴逸篇也。亦有他書引大戴篇名與小戴同，而文絕異者，如毛詩豳譜正義引大戴禮文王世子；漢書韋元成傳引祭義；王式傳稱驪駒之歌在曲禮；服虔注云在大戴禮 白虎通畊桑篇引祭義曾子問，情性篇引閒傳，崩魂篇引檀弓王制；許愼五經異義引大戴禮器；明堂月令論引檀弓。唐皮日休有補大戴禮祭法，其文往往爲小戴記所無。而大戴記存篇之與小戴同者，有投壺哀公問兩篇篇名同；曾子大孝篇見小戴祭義；諸侯釁廟篇見小戴雜記；朝事篇自『聘禮』至『諸侯附焉』，見小戴聘義；本事篇自『有恩有義』至『聖人因殺以制節』，見小戴喪服四制；其它篇目尙多同者。蓋二戴於百三十一篇之記，各以意斷取成書，故異同參差乃爾。後隋書經籍志乃以爲小戴四十六篇，删大戴之八十五篇者，妄也！由是禮有大戴小戴慶普之學。普授魯夏侯敬，又傳族子咸爲豫章太守。而大戴授瑯邪徐良斿卿爲博士州牧郡守，家世傳業。小戴授梁人橋仁季卿楊榮子孫。仁爲大鴻臚，著禮記章句四十九篇，家世傳業，號曰橋君學。而榮爲瑯邪太守。由是大戴有徐氏，小戴有橋楊氏之學。孝宣帝時，河內女子壞老屋，又得逸禮古經一篇，合河間王五十六篇爲五十七。於是始立大小戴慶氏三家禮。然考所謂三家禮者，蓋三家受諸后蒼所傳經十七篇之禮，而大小戴禮記附十七篇不別出；大小戴禮非大小戴禮記；亦不以逸禮古經爲勝十七篇而立學官也。及孝成帝時，光祿大夫劉向領校中五經祕書；向卒，王莽以大司馬柄國，薦向之子歆宗室，有材行，以光祿大夫貴幸，復領五經，卒父前業：乃以爲『禮古經者，出於魯淹中及孔氏，與十七篇文相似，多三十九篇；及明堂陰陽王史氏記所見，多天子諸侯卿大夫之制，雖不能備，猶瘉蒼等推士禮而致於天子之說。』果若所言，則是逸禮古經之勝十七篇也。然十七篇古稱士禮；其實不皆士禮。純乎士禮者，惟冠昏喪相見；若祭禮則少牢饋食有司徹爲大夫禮；鄉飲射，士大夫所通行；燕禮，大射，聘禮，公食大夫爲諸侯禮；覲禮爲諸侯見天子禮；並非專爲士設其通稱士禮者，蓋以士冠列首，遂並其下通稱爲士而不復分別耳。且士禮何爲不可推而致於天子也？『自天子以至於士庶人，壹是皆以修身爲本。』孔子曰：『吾觀於鄉而知王道之易易也。』則是孔子推士禮而致於天子之說也。魯穆公之母卒，使人問於曾子曰：『如之何？』對曰：「申也聞諸申之父曰：『哭泣之哀，齊斬之情，饘粥之食，自天子達。』」則是曾子推士禮而致於天子之說也。記不云乎！『禮也者，義之實也；協諸義而協，則禮雖先王未之有，可以義起也』何不可推致之有！是故知父子之當親也，則爲禮醮祝字之文以達焉；其禮非士冠可賅也，而於士冠焉始之。知君臣之當義也，則爲堂廉拜稽之文以達焉；其禮非聘覲可賅也，而於聘覲焉始之。知夫婦之當別也，則爲笄次帨鞶之文以達焉；其禮非士昏可賅也，而於士昏焉始之。知長幼之當序也，則爲盥洗酬酢之文以達焉；其禮非鄉飲酒可賅也，而於鄉飲酒始之。知朋友之當信也，則爲雉腒奠授之文以達焉；其禮非士和見可賅也，而於士相見焉始之。記曰：『禮儀三百，威儀三千。』其事蓋不僅父子君臣夫婦長幼朋友也；即其大者而推之，而百行舉不外是矣。其篇亦不僅士冠聘覲士昏鄉飲酒士相見也；即其存者而推之，而五禮舉不外是矣。斯則后蒼推士禮而致於天子之說也；而劉歆非之，何也？歆既親近，欲建立左氏春秋及毛詩古文尚書與逸禮皆列於學官。哀帝令歆與五經博士講論其義。諸博士或不肯置對；歆因移書太常博士責讓之，其言甚切，爲羣儒排棄。會哀帝崩，王莽持政，莽少與歆俱爲黃門郎，重之，白起歆，累遷中壘校尉，典儒林史卜之官；徵天下通一藝，教授十一人以上及有逸禮，古書，毛詩，周官，爾雅等篇文字通知其意者，皆詣公車；至者前後千數，皆令記說庭中，將令正乖繆，壹異說。而歆尤以爲周官經六篇者，周公致太平之迹，迹具在斯；足以佐王莽，新政化者也；奏請立周官經以爲周禮，置博士。然歆以前，周官經之不以禮名者，蓋此書乃班朝治軍設官分職之書；而非專爲禮設；正名之曰周官經，允符其實，奚以改爲！然自是周官經之名廢，而以周禮易之。一說：「『禮，經邦國，定社稷，敘人民，利後嗣。』（左氏隱十一年春秋傳）故曰：『道德仁義，非禮不成。教訓正俗，非禮不備。分爭辯訟，非禮不決。君臣上下父子兄弟，非禮不定。宦學事師，非禮不親。班朝治軍，蒞官行法，非禮威嚴不行。禱祠祭祀，供給鬼神，非禮不誠不莊。』（禮記曲禮）則禮者，典章之達稱；而非僅就揖讓周旋言之。『揖讓周旋，是儀也，非禮也。』（左氏昭二十五年春秋傳）然則周官經之題禮也亦宜。而王莽盜漢，立法布令，必以周禮爲據焉。然逸禮卒不得立。世祖中興，禮有大小戴博士，雖相傳不絕，然未有顯於儒林者。慶氏禮雖不得立；然撰集漢禮以制一代大典者，皆慶氏之徒也！初魯國曹充持慶氏禮，以博士從世祖巡狩岱宗，定封禪禮；還受詔議立七郊三雍大射養老禮儀。顯宗卽位，充上言：『漢再受命，仍有封禪之事，而禮樂崩闕，不可爲後嗣法。五帝不相沿樂，三王不相襲禮。大漢當自制禮以示百世。』帝召對，善其議；拜侍中；然事卒不行。子褒，字叔道，少篤志有大度，結髮傳充業，博雅疏通，尤好學禮。常憾朝廷制度未備，慕叔孫通爲漢禮儀，而欲纘父之志，晝夜研精，沈吟專思，寢則懷抱筆札，行則誦習文書，當其念至，忘所之適。初舉孝廉，再遷圉令，持德化，不立威刑；太守奏褒耎弱，罷官，徵拜博士。會肅宗欲制定禮樂，褒上疏請定文制，著成漢禮。章下太常。太常巢堪以冠一世大典，非褒所定，不可許。帝知羣寮拘攣，難與圖始，朝廷禮憲，宜時刊立。褒復上疏，具陳禮樂之本，制改之意。遂拜侍中，從駕南巡，以事下三公，未及奏。詔召玄武司馬班固，問改定禮制之宜？固曰：『京師諸儒，多能說禮，宜廣招集，共議得失。』帝曰：「諺言：『作舍道邊，三年不成。』會禮之家，名爲聚訟；互生疑異，筆不得下。昔堯作大章，一夔足矣！」章和元年正月，乃召褒詣嘉德門；令小黃門持班固所上叔孫通漢儀十二篇，敕褒曰：『此制散略，多不合經。今宜依禮條正，使可施行；於南宮東觀，盡心集作。』褒既受命，乃次序禮事，依準舊典，雜以五經讖之文，撰次天子至於庶人冠婚吉凶終始制度，以爲百五十篇，寫以二尺四寸簡；其年十二月，奏上。帝以衆論難一，故但納之，不復令有司平奏。會帝崩，和帝卽位，褒乃爲作章句，帝遂以新禮二篇冠。擢褒監羽林左騎。後大尉張酺、尚書張敏等奏：『褒擅制漢禮，破亂聖術，宜加刑制。』帝雖寢其奏，而漢禮遂不行！然褒博物識古，父子禮宗。父充作章句辨難，而褒作通義十二篇，演經雜論百二十篇；又傳禮記四十九篇，敎授諸生千餘人。慶氏學遂行於世。同時治慶氏學以爲博士者，又有犍爲董鈞字文伯。世祖時，舉孝廉，辟司徒府；博通古今，數言政事。顯宗卽位，爲博士，時草創五郊祭祀及宗廟禮樂威儀章服，輒令鈞參議，多見從用。當世稱爲通儒！累遷五官中郎將，常敎授門生百餘人；亦慶氏禮之名家也！初董鈞從大鴻臚王臨受慶氏禮。而扶風賈徽從劉歆受周官；自歆之立周官；遭王莽敗，兵革並起，疾疫喪荒，弟子死葬；徒有里人河南緱氏杜子春及徽尚在！徽子逵，字景伯，能傳父業；又受業於杜子春。顯宗之初，子春年且九十，家於南山；注周官，能通其讀，頗識其說；逵與河南鄭衆仲師往受學焉。衆父興，字少贛，亦作周禮解詁。而衆逵傳父師之學，洪雅博聞，又以經書記傳相證明爲解，逵解行於世；而鄭興父子之解不行。

扶風馬融季長兼攬衆逵二家，謂多遺闕；而衆解近得實；因自力補之，謂之周官傳，凡十二卷，見隋書經籍志。自是周禮大行。然任城何休邵公猶斥周禮爲六國陰謀之書。惟北海鄭玄康成括囊大典，徧覽羣經，從東郡張恭祖受周官禮記；既因涿郡盧植子幹事馬融。融以周官傳授玄。而玄於諸家解詁，獨稱『二鄭者，（興衆父子）同宗之大儒，明理於典籍，牣識皇祖大經周官之義；存古字，發疑正讀，亦信多善；徒寡且約，用不顯傳於世！』乃因馬融之傳而參取杜子春之注，鄭興鄭衆賈逵之解詁，網羅諸家，裁以己意，撰成周官禮注十二卷。而以周官禮傳寫古文諸本違異；其注云：『故書』者，謂初獻於祕府所藏之本也；其民間傳寫不同者，則爲今書。而正讀之例：有云『讀如』『讀若』者，擬其音以求其似也。有云『讀爲』『讀曰』者，就其音以易其字也。有云『當爲』者，糾其誤以正其字也。三例既定，而周官禮之大義乃可言矣！然周官禮古文學；而鄭玄本習今文小戴禮之十七篇，後以禮古經之五十六篇校之，取其義長者；或從今文，則注云『古文某爲某』；如士冠禮『闑西閾外』句，注『古文闑爲槷，閾爲蹙』是也。或從古文，則注云『今文某爲某』；如士冠禮『醴辭孝友時格』句，注『

今文格爲嘏，』是也。又有爲今文所無而爲古文所有者；士相見禮『某將走見，』注『今文無走；』『凡執幣者不趨容』注『今文無容；』鄭不用今而用古者，以其足於文義也。又有今古並存而復及他說者；士冠禮『章甫殷道也，』注『甫或爲父，今文爲斧；』鄉飲酒禮『遵者降席，』注『今文「遵爲僎，或爲金；』是也。又有存古今文而即指其意之所在者；士相見禮『某不敢爲儀，固請，』注『今文不爲非，古文固以請也；』聘禮『上介奉幣先入門左，』注『古文重入，』是也。凡此之類，蓋漢人校讎之通例；而鄭玄遵以注校十七篇焉。又以小戴十七篇次第，尊卑吉凶雜亂，舍之不從，而依劉向別錄，以吉凶人神爲次，蓋据記云：『吉凶異道，不得相干；』荀子云：『吉事尙尊，喪事尙親；』遂以冠昏相見鄉飲鄉射燕大射聘公食大夫覲禮十篇爲吉禮，居先，而喪祭七篇爲凶禮，居後焉；故名鄭氏學。凡十七卷，蓋一篇爲一卷也。其注之發凡者數十事；如士冠禮注云：『凡奠爵，將舉者於右，不舉者於左。』『凡醴士，質者用糟，文者用濟。』『凡薦，出自東房。』『凡牲，皆用左胖。』其餘諸篇注，皆有發凡之事；此尤有功於學者，蓋讀禮者非籀繹有明，無以通其指也。玄又注小戴所傳禮記四十九篇，通儀禮周官爲三禮，而撰三禮目錄一卷；三禮圖九卷，其中三卷則陳留阮諶士信受學於綦母君，取其說爲圖者也。於是周官之分經別出者，與禮合爲一途；而禮記之附經不別出者，與經歧爲二軌。漢以經十七篇立學，曲臺后蒼九篇以後，並無解義；杜賈二鄭止解周官，馬融解周禮，而十七篇止撰喪服經傳注一卷；獨鄭玄徧注三禮；周禮多引杜子春鄭大夫鄭司農，前有所承，尙易爲力；而經十七篇與小戴禮記四十九篇，未經人注解，前無所承，比注周禮爲更難；而鄭玄觀其會通，獨博學而詳說之！然鄭玄三禮之學，其宏通在此！其雜糅亦在此！夫經十七篇，禮家之今文學也。周官六篇，禮家之古文學也。小戴禮記四十九篇，非一手所成；或同今文，或同古文；王制多同公羊穀梁，冠義昏義鄉飲酒義射義燕義聘義朝儀喪服四制問喪祭儀祭統諸篇，皆經十七篇之傳，爲今文說；而玉藻爲古周禮說，曲禮檀弓雜記爲古春秋左氏說，祭法爲古國語說，皆古文說；則今古學糅者也。而王制爲今學禮宗，比之周禮爲古文所宗云！然漢儒說禮，別今古文最嚴。何休解公羊傳，據逸禮而不據周官；以逸禮雖屬古文，不若周官之顯然立異也。杜賈二鄭解周官，皆不引博士說；以博士祇立今文也。鄭衆注大司徒五等封地，皆卽本經立說，不牽涉王制。獨鄭玄和同今古文兩家說，疏通證明，以爲周禮夏殷禮之分而於不能合者或且改易文字展轉求通；專門家法至此變矣！若乃好引緯書，好改經字，宋儒所譏，固不足爲漢儒病也！惟鄭玄或據周官以疑王制，未嘗引王制以駁周官；然則玄之議禮，殆以古文說爲主者乎？涿郡盧植少與鄭玄俱事馬融，撰三禮解詁。會靈帝以蔡邕言立太學石經，正五經文字。植乃上書曰：『臣少從通儒故南郡太守馬融受古學，頗知今之禮記，特多回穴。臣前以周禮諸經，發起粃謬，敢率愚淺，爲之解詁；而家乏無力供繕寫上；願得將能書生二人，共詣東觀，就官財糧，專心研精，合尙書章句，考禮記失得，庶裁定聖典，刊正碑文。』蓋蔡融碑今文；而盧植學古文也。然植能通古今學，好研精而不守章句，明著後漢書本傳。意者植之所學，當亦今古糅雜，與鄭玄同道者也？惟玄注行世，而植解不行，獨禮記注十卷見隋書經籍志。然植之注禮記，有與鄭玄不同者；如鄭玄以王制爲夏殷雜，而植以爲漢法等是也。自是鄭玄之學行而大小戴漸廢！夫綜會今古文，遍注三禮，使家法不分明，始於鄭玄；而繼以魏太常東海王肅子雍，兼併諸家，參合同異，成周官禮注十二卷，禮注十七卷，禮記注三十卷，見隋書經籍志，雖佚不傳，而每有見引他書者。惟肅善賈馬之學而不好鄭玄，議禮必與相反。然鄭玄擇善而從，立說皆有所據。如說廟制以爲天子五廟，周合文武二祧爲七，本喪服小記『王者立四廟』，禮緯稽命徵『唐虞五廟，夏四廟，至子孫五，殷五廟，至子孫六，周尊后稷文武則七；』而肅乃數高祖之父，高祖之祖，與文武而九，不知古無天子九廟之說；而肅說二祧，亦與祭法不合也。鄭玄說：『圜丘是禘嚳配天，』圜丘本周官，周人禘嚳本國語祭法；而肅乃謂郊丘，引董仲舒劉向爲據；不知董劉皆未見周官，不知有圜丘，但言郊而不言禘；不足以難鄭玄也。玄說『三年祫，五年禘，祫大禘小，』本於春秋公羊經書『有事爲禘，各於其廟，大事爲祫，羣廟主悉升於太祖；』而肅引禘於太廟逸禮『昭尸穆尸皆升合於太祖；』不知鄭玄以公羊傳爲正，逸禮不可用也。鄭玄說五帝爲五天帝，本周官司服『祀昊天上帝，則服大裘而冕，祀五帝亦如之；』五帝配南郊，祭用夏正月，故服大裘；若五人帝，則迎夏迎秋，不得服裘；又先鄭注掌次云：『五帝，五色之帝，』是鄭玄義本先鄭；而肅以爲五人帝分主五行；然則大皞炎黃之先，無司五行者乎？此與肅駁鄭玄義，以爲社稷專祀句龍后稷，不祀土穀之神者，同一武斷也。考王肅所據之書，鄭玄豈有不見，而不用者，當時去取必自有說；而肅乃取鄭玄所不用者，轉以難玄。玄據今文，則以古文駁之；如據逸禮以駁公羊是也。玄據古文，則以今文駁之；如據董劉以駁周官是也。不知漢儒禮家聚訟，今古文說不同；鄭玄折衷其義，始亂家法；儻王肅有意攻玄，當返求之家法，分別今古，斯或可以制勝。乃肅之不別今古，任意牽合，殆尤甚於鄭玄；如王制廟制今說，祭法廟制古說，此萬不能合者；而肅僞撰孔子家語孔叢子所言廟制，合二書爲一說。鄭玄以爲祭法周禮，王制夏殷禮，尚有端緒可尋；至肅乃盡抉其藩籬，蕩然無復門戶，使學者愈以迷亂，不復能知古禮之異；而家語孔叢舉禮家聚訟莫決者，壹托於孔子之言以爲論定。不知禮家所以聚訟，正以去聖久遠，無明文可據；是以石渠虎觀至煩天子稱制臨決。若孔子之言如此彰灼，羣言淆亂，衷諸聖，尚何庸齗齗爭辨乎？古人作注，發明大義而已。肅注家語，如五帝七廟郊丘之類，處處牽引攻鄭之語，殊乖注書之體，而自發其作僞之覆！肅又作聖證論六十八事以譏短鄭玄；今約存者三十事，禮之大者，卽五帝七廟郊丘禘祫社稷之屬，其餘或文句小異，不關大義。然肅之所謂聖證者，卽取證於家語孔叢；徒以鄭玄名高，非託於聖言，不足以奪其席；然而後之學者，卒目家語爲肅之僞作，斯可謂心勞日拙者矣！樂安孫炎叔然受學鄭玄之門；乃駁釋聖證論以難王肅，而著有禮記音義隱七卷，禮記注三十卷。同時有鄭小同者，玄之孫也；亦撰禮義四卷，具見隋書經籍志；而皆不傳！意必有所以申玄指而難王肅者。惟古禮最重喪服；經十七篇，獨喪服子夏有傳；故喪服又別爲禮家專門之學。大戴有喪服變除一卷，見唐書藝文志。小戴禮記四十九篇，有曾子問喪服小記雜記上下喪大記喪服大記奔喪問喪服問閒傳三年問喪服四制十一篇，皆屬喪服；檀弓亦多言喪禮。經十七篇，馬融獨於喪服經傳有注；而鄭玄王肅亦別出喪服經傳注各一卷，見隋書經籍志。志又著蜀丞相蔣琬撰喪服要記一卷，吳齊王傅射慈撰喪服變除圖五卷，斯足與魏之王肅孫炎鄭小同輩，駢稱三國之禮家者焉！晉武帝王肅外孫；郊廟典禮皆從肅說。而鄭氏學幾廢！迨元帝渡江，太常荀崧請置鄭儀禮博士，卽十七篇之鄭氏學也。儀禮之名始此；漢以前無之也。爰從晉宋逮於陳氏，傳禮業者，小戴禮記尤盛，周禮次之；而儀禮獨盛喪服。其著錄隋書經籍志者：晉有給事中袁準撰喪服經傳注一卷；廬陵太守孔倫集注喪服經傳一卷；陳銓撰喪服經傳注一卷；征南將軍杜預撰喪服要集二卷；侍中劉逵撰喪服要集二卷；大保衞瓘撰喪服儀一卷；司空賀循撰喪服要六卷，喪服要記十卷，喪服譜一卷；劉德明撰喪服要問六卷；太學博士環濟撰喪服要略一卷；徐氏撰喪服制要一卷；開府儀同三司蔡謨撰喪服譜一卷；散騎常侍葛洪撰喪服變除一卷。宋有大中大夫裴松之集注喪服經傳二卷，通直郎雷次宗略注喪服經傳一卷；丞相諮議參軍蔡超宗集注喪服經傳一卷；徵士劉道拔撰喪服經傳注一卷；員外郎散騎庾蔚之撰喪服三十一卷，賀循喪服要記注十卷，喪服世要一卷；張耀撰喪服要問二卷；崔凱撰喪服難問六卷；伊氏撰喪服雜記二十卷；孔智撰喪服釋疑二十卷；撫軍司馬費沈撰喪服集議十卷。齊有東平太守田僧紹集解喪服經傳二卷；散騎郎司馬瓛撰喪服經傳義疏五卷；給事中樓幼瑜撰喪服經傳義疏二卷；步兵校尉劉瓛撰喪服經傳義疏一卷；徵士沈麟士撰喪服經傳義疏一卷；太尉王儉撰喪服古今集記三卷，喪服圖一卷；光祿大夫王逸撰喪服世行要記十卷；袁祈撰喪服答要難一卷；王氏撰喪服記十卷；嚴氏撰喪服五要一卷；卜氏撰駁喪服經傳一卷；樊氏撰喪服疑問一卷；賀遊撰喪服圖一卷；崔逸撰喪服圖一卷。梁有步兵校尉五經博士賀瑒撰喪服義疏二卷；尚書左丞何佟之撰喪服經傳義疏一卷；通直郎裴子野撰喪服傳一卷；國子助教皇侃撰喪服文句義疏十卷；喪服問答目十三卷。陳有國子祭酒謝嶠撰喪服義十卷；大將軍袁憲撰喪服假寧制三卷，喪禮五服七卷；王隆伯撰論喪服決一卷。凡二百十九卷，皆明喪服者也。周禮則有晉之樂安王師伊說周官禮注十二卷，散騎常侍干寶注周官禮十二卷，燕王師王懋約周官寧朔新書八卷，司空長史陳邵周官禮異同評十二卷，散騎常侍虞喜撰集孫琦問干寶駁周官駁難三卷，孫略周官禮駁難四卷；梁之桂州刺史崔靈恩集注周官禮二十卷，五經博士沈重周官禮義疏四十卷。凡百有七卷，視十七篇之喪服殺矣！禮記則有晉之燕王師王懋約禮記寧朔新書八卷，開府儀同三司蔡謨安北諮議參軍曹躭國子助教尹毅李軌員外郎范宣禮記音各二卷，驍騎將軍徐邈禮記音三卷，劉昌宗禮記音五卷；宋之奉朝請業遵禮記注二十卷，中散大夫徐爰禮記音二卷，豫章郡丞雷肅之禮記義疏三卷，散騎常侍戴顒禮記中庸傳二卷；齊之給事中樓幼瑜禮記撫遺別記一卷；梁武帝之撰禮記大義十卷，中庸講疏一卷。步兵校尉五經博士賀瑒之禮記新義疏二十卷；國子助教皇侃之禮記義疏九十九卷，禮記講疏四十八卷；五經博士沈重之禮記義疏四十卷；祕書學士褚暉之禮記文外大義二卷；何氏之禮記義十卷；庾氏之禮記略解十卷；創雋之禮記評十一卷。凡二百九十七卷，而姓名失考者尚略不著；於三禮之中，尤爲夥頤沈沈者也。梁桂州刺史崔靈恩撰三禮義宗三十卷，徵士陶宏景撰三禮目錄注一卷，祕書學士褚暉撰三禮疏一百卷，斯又囊括大典而觀其會通者。論者徒以爲南朝好清談；士習祖尙元虛；而孰知殫心禮學，若是之精詳哉！斯所以期功去官，猶遵古禮；除服宴客，輒罣彈章也！北朝自魏末大儒華陰徐遵明子判門下講鄭玄三禮，傳業於渤海李鉉寶鼎，中山馮偉偉節紀顯敬呂黃龍夏懷敬祖儁田元鳳。而鉉撰有三禮義疏；傳業饒安刁柔子璠河間邢峙士峻渤海劉晝孔昭長樂熊安生植之平原張買奴渤海鮑季詳；獨安生最爲顯學。安生初從房糾受周禮；後乃事鉉，遂博通五經，然專以三禮教授；弟子自遠方至者千餘人；乃討論圖緯，捃摭異聞，先儒所未悟者皆發明之；撰周禮義疏二十卷，禮記義疏三十卷。其後生能通禮經者，多是安生門人；諸生盡通小戴禮記，於周禮儀禮兼通者十二三；而傳大戴禮記而爲之解詁者，厪周太學博士盧辨一家而已！儀禮章疏則有二家。信都黃慶，齊之盛德。李孟悊者，稱隋碩儒焉。自王肅與鄭玄立異；久而論定六朝南北學三禮，壹宗鄭氏；而爲義疏者，儻以小戴禮而論，奚啻數百家！然唐有天下，國子祭酒孔穎達奉詔撰定禮記正義六十三卷，序稱：『南學惟見皇侃，北學惟見熊安生，而皇侃爲勝，據以爲本；其有不備，則以熊氏補焉。惟熊則違背本經，多引外義，猶之楚而北行，馬雖疾而去愈遠；又欲釋經文，惟聚難義，猶治絲而棼之，手雖繁而絲益亂也。皇氏雖章句詳正，微稍繁廣；又旣遵鄭氏，乃時乖鄭義，此是木落不歸其本，狐死不首其邱。此皆二家之弊，未爲得也！』自以爲後來居上；雖立說務伸鄭注，不免附會；然採摭舊文，詞當理博，有因記一二語而作疏至數千言者，如王制『制三公一命』云云，疏四千餘字；『比年一小聘』云云，疏二千餘字；月令郊特牲篇題，疏皆三千餘字；其餘一千餘字者尤多；元元本本，貫通羣經，譬諸依山鑄銅，燒海爲鹽；說禮之家，有鑽研莫盡者焉！然穎達之於鄭禮，厪疏記注。高宗之世，太學博士賈公彥據晉陳邵周官禮異同評，梁沈重周官禮義疏，撰定周禮注疏四十二卷，雖頗引緯書，與鄭同讖；然疏不破注。義例則然；而發揮鄭學，信稱博而能核者焉！然周禮疏者，尙有多門；擇善而從，藉手爲易。而儀禮章疏，祇齊黃慶隋李孟悊二家而已！然賈公彥撰定儀禮注疏十七卷，序稱『慶則舉大略小，經註疏漏，猶登山遠望而近不知。悊則舉小略大，經注稍周，似入室近觀而遠不察。二家之疏，互有修短。今以先儒失路，後宜易塗；故悉鄙情，聊裁此疏。』是創制起例，闡揚鄭指，尤有倍難於周禮者焉！夫三禮以鄭玄爲宗，而儀禮尤以鄭玄爲絕學。注文古奧，得疏乃明；抉發塗徑，首在發凡。有鄭注發凡而公彥疏辨同異者。有鄭注不云凡，而與發凡無異，由疏申明爲凡例者。有鄭注不發凡而疏發凡者。有經是變例，鄭注發凡而疏申明之者。有經是變例，注不發凡而疏發凡者。有疏不云凡而無異發凡者。注精而簡，疏詳而密，分析常變，究其因由。千餘年來，議禮者奉爲依歸。後來著述，皆此書之支流而已！初太宗之世，諫議大夫檢校侍中曲城魏徵玄成以小戴禮記綜彙不倫，更作類禮二十篇，採諸儒訓注，數年而成。太宗美其書，詔曰：『以類相從，別爲篇第，並更注解，文義粲然。』錄置內府。迄元宗時，魏光乘請用魏徵類禮列于經。帝命左散騎常侍元行沖與諸儒集義作疏，將立之學；

乃引國子博士范行恭四門助教施敬本採獲刊綴，爲五十篇，上于官。使此書得行，則是唐代之於禮記，獨出魏注之類禮元疏一本，掀前古之未有！將鄭注之戴記孔疏，不得擅美千古矣！於是右丞相張說建言：『戴聖所錄，向已千載，與經並立，不可罷。魏孫炎始因舊書，摘類相比，有如抄掇。諸儒共非之！至徵更加整次，乃爲訓注，恐不可用。』帝然之。自是元疏之魏注類禮不出，而孔疏之鄭注戴記行。顧元行沖終以爲鄭注戴記，不如魏注類禮；著論自辨，名曰釋疑，大指謂『小戴禮行於漢末，馬融爲傳，盧植合四十九篇而爲之解，世所不傳。鉤黨獄起，康成於竄伏之中理紛挐之典，雖存探究，咨謀靡所；具鄭志者百有餘科，章句之徒，曾不是省。王肅因之，或多攻詆，而鄭學有孫炎，雖扶鄭義，條例支分，箴石間起，增革百篇。魏氏病羣言之冗脞，采衆說之精簡，刊正芟礱，書畢以聞。大宗嘉賞，錄賜儲貳。陛下纂業，宜所循襲，乃制諸儒甄分舊義，豈悟章句之士，堅持昔言，擯厭不伸，疑於知新，果於仍故！然物極則變，比及百年，當有明哲君子，恨不與吾同世者！』今孫炎禮記注三十卷不傳，而證以張說元行沖之言，則是孫注條例支分，己以類比；而魏注類禮，特整次孫注而刊其冗脞爾！然孔穎達禮記正義每篇引鄭玄目錄云：『此於別錄屬某某。』如曲禮王制禮器少儀深衣屬制度。檀弓禮運玉藻大傳學記經解哀公問仲尼燕居孔子閒居坊記中庸表記緇衣儒行大學屬通論。月令明堂位屬明堂陰陽。曾子問喪服小記雜記喪服大記奔喪問喪服問閒傳三年問喪服四制屬喪服。文王世子屬世子法。內則屬子法。郊特牲祭法祭義祭統屬祭祀，樂記屬樂。投壺冠義昏義鄉飲酒義燕義聘義屬吉事。別錄者，劉向書也。則是禮記之分類，固不始於孫炎魏徵矣！何張說獨議魏徵哉！然魏徵類禮卒以張說之言不行。論者謂載記不廢，張說固有存古之功。而類禮不行，說亦不無泥古之失焉！迨唐中葉，昌黎韓愈退之一代文雄；然讀儀禮而苦其難，於是掇其大要，奇辭奧旨著於篇，俾學者可觀焉。旣唐氏失祚，降爲五代，周世宗詔國子司業聶崇義參定郊廟祭玉，因取三禮舊圖凡六本，重加考訂，成三禮圖集注二十卷；題曰集注，蓋兼採六圖，不主一家也。宋初上於朝。太祖覽而嘉之，遂詔國學圖於先聖殿北軒之屋壁焉。考禮圖始於漢鄭玄阮諶，隋書經籍志列鄭玄及後漢侍中阮諶等撰三禮圖九卷是也。其後可考見者：唐書藝文志有夏侯伏朗三禮圖十二卷，張鎰三禮圖九卷。崇文總目有梁正三禮

圖九卷。宋史載吏部尚書張昭等奏云：「四部書目內有三禮圖十二卷，是開皇中敕禮部修撰，其圖第一第二題云『梁氏』，第十後題云『鄭氏』。」今書府有三禮圖，亦題梁氏鄭氏。」四家與鄭阮圖併不傳。意聶崇義所据三禮舊圖六本者，蓋鄭玄一，阮諶二，夏侯伏朗三，張鎰四，梁正五，開皇敕撰六也。然勘驗崇義書之宮室車服等圖與鄭注多相違異。歐陽修集古錄譏其簋圖與劉原父所得眞古簋不同。朱子亦譏其醜怪不經非古制。是宋代諸儒，亦不以所圖爲然。然其書蒐採諸家，具有來歷；當不盡出杜撰也。梁正題阮諶圖，譏其不案禮文而引漢事，與鄭君之文違錯，正不必以違異鄭注，獨譏聶崇義此圖矣！自唐之孔穎達賈公彥疏章鄭注以成三禮正義，而禮學久定壹宗！顧宋儒好創新解，故相違異；而始作之俑者，當推臨川王安石介甫。賈公彥以前，說周禮者明典制。王安石而後，說周禮者闡義理。神宗時，詔置經義局，撰書詩周禮三經義，皆本王安石說，惟書詩皆出其子雱元澤及諸門弟子手，獨新經周禮義二十二卷，出安石自爲；雖訓詁多病穿鑿，然依經詮義，如所解八則之治都鄙，八統之馭萬民，九兩之繫邦國者，皆具有發明。後來儒者或訾安石以周禮壞宋，而於是書終不廢采

用也！新經既行，誦習者夥；然而闡明其說，著書傳後者：屢見福州陳詳道用之之禮書一百五十卷，及王昭禹之周禮詳解四十卷二家而已。祥道之書，貫通經傳，論辨精博，縷悉條分；間以繪圖；唐代諸儒之論，並世聶崇義之圖，或正其失，或補其闕；惟掊擊鄭注，或來訾議。然祥道本王安石之徒。安石說經，既創造新義，務異先儒。然則祥道之排斥舊說，故是師法然爾！何有於鄭注哉！至王昭禹未詳何人？而撰周禮詳解，訓詁皆用王安石；儻亦安石之徒？然其闡明經義，推究得失，則有不盡同於安石之學，而足訂注疏所未逮者。既長樂楊時中立撰周禮辨疑一卷，則攻安石之周禮新經義者也。南渡後，臨川俞廷椿壽翁撰周禮復古編一卷，大指謂『五官所屬，皆六十，不得有羨。』其羨者皆取以補冬官；鑿空臆斷，殊嫌無據。然自是說周官禮者遂有冬官不亡之一派；斯可特筆也！初神宗相王安石，尊周官禮；而儀禮罷廢，學者不復誦習。迄南渡，孝宗之世，兩浙轉運判官直祕閣曾逮始刊儀禮鄭氏注十七卷，陸德明釋文一卷，冠以目錄一卷，載大小戴劉向篇第異同，而永嘉張淳忠甫實爲之校定，撰儀禮識誤三卷；其所引據，有周廣順三年及顯德六年刊行之監本，有汴京之巾箱本，有杭之細字本，嚴之重刊巾箱本，參以陸德明釋文賈公彥疏，覈訂異同，最爲詳審。惟株守釋文，往往以習俗相沿之字，轉改六書正體；此實不能無蔽！然是書存，而古經漢注之譌文脫句，藉以考識；舊槧諸本之不傳於今，亦藉以得見崖略；其有功於儀禮，誠非淺鮮也！自是儀禮之學漸盛！而廬陵李如圭寶之撰儀禮集釋三十卷，壹宗鄭注，而旁徵博引以爲之釋，出入經傳，多發賈公彥疏所未備；而別出綱目一卷以明章句之旨；又爲釋宮一卷以考宮室之制；而釋宮之作，尤爲禮家之所不可缺！何者？蓋古者宮室皆有定制；歷代屢更，漸非其舊；如序楹楣阿箱夾牖戶當榮當碑之屬，讀儀禮者倘不能備知其處；則於陳設之地，進退之位，俱不能知；甚或以後世之規模，臆測先王之度數。而如圭是書，仿爾雅釋宮，條分臚序，各引經記注疏，參考證明；如據顧命東西序東西夾東西房之文，證寢廟之制，異於明堂；而不用孔疏引鄭志成王崩在鎬京，宮室因文武不改作，故制同諸侯之說。又如大夫士東房西室之說，雖仍舊注；而據聘禮『賓館於大夫士，』證其亦有右房；據鄉飲酒及少牢饋食證大夫士亦有左房東房之稱；與天子諸侯言左對右，言東對西者同。其辨析詳明，深得經意，發先儒之所未發，大率類此！信可爲治儀禮者之圭臬也！朱子嘗與如圭校定禮書，而謂『儀禮者，禮之根本。禮記本秦漢諸儒解釋儀禮之書，須與儀禮參通，修作一書。』因撰儀禮經傳通解三十七卷，凡家禮五卷，鄉禮三卷，學禮十一卷，邦國禮四卷，共二十三卷，爲四十二篇，中闕書數一篇，大射至諸侯相朝八篇，尙未脫稾；其卷二十四至卷三十七，凡十八篇，則仍前草創之本，是爲王朝禮，中闕卜筮一篇；目錄踐阼第三十一以後，序說並闕；蓋未成之本也。其書以儀禮爲主，而取大小戴禮記及他書傳所載繫於禮者附入之。惟所載儀禮諸篇，咸非舊次，亦頗有所釐析，或者不免割裂古經之譏。然自王安石廢罷儀禮，獨存禮記，朱子糾其棄經任傳，遺本宗末，於是解記附經，撰成是書；答應仁仲書曰：『前賢常患儀禮難讀，以今觀之，只是經不分章，記不隨經，而注疏各爲一書，故使讀者不能遽曉；今定此本，盡去諂弊，恨不得令韓文公見之也！』觀其分章表目，開卷瞭然，儻亦考禮者所不廢乎？惟喪祭二禮，未及倫次，則以屬其女夫長樂黃榦直卿；榦草創就質，喜曰：『君所立喪祭禮規模甚善。』則是朱子之與榦者深也！然榦僅成喪禮十五卷，其祭禮則未及訂定而卒！福州楊復信齋者，亦朱子門人；而榦之修祭禮也，嘗邀復參訂焉；遂據稾本參以所聞，續成其書凡十四卷，併幹成喪禮爲續儀禮經傳通解二十九卷，今自卷十六至卷二十九，皆復所修也。雖續解不出朱子，而端緒相因，規模不異，古禮之梗概節目，亦大略具是矣！初建德趙彥肅子欽作特牲少牢二禮圖，質於朱子。朱子曰：『更得冠昏圖及堂室制度并考之，乃佳！』於是楊復原本師意，錄十七篇經文，節取舊說，疏通其意，各詳其儀節陳設之方位，繫之於圖，凡二百有五，曰儀禮圖。又分宮廟門，冕弁門，牲鼎禮器門，爲圖二十有五，名儀禮旁通圖，附於後，其於是經，可謂用心勤摯矣！惟是讀儀禮者，必明於古人宮室之制，然後所陳所位，揖讓進退，不失其方；故李如圭儀禮集釋朱子儀禮經傳通解，皆特出釋宮一篇，以總挈大綱，使衆目皆有所麗。而復是書，獨廢此一門，但隨事立圖，或縱或橫，既無定向，或左或右，僅列一隅，遂似滿屋散錢，紛無條貫！其見於宮廟門者，僅止七圖，而遠近廣狹，亦未分明！然其餘諸圖，尚皆依經繪象，約舉大端，而於議禮考文，尚不無裨補！此南宋諸儒之治儀禮者也。考南宋諸儒之治禮記者，莫善於吳郡衞湜正叔，撰禮記集說一百五十卷，自序言『日編月削，幾二十餘載。』故採摭羣言，最爲賅博，去取亦最爲精審。其後序云：『他人著書，惟恐不出於己。予之此編，惟恐不出於人。後有達者，毋襲此編所已言，沒前人之善也！」則甚矣其用心之厚，可特表而出之者也！自鄭注而下，所取凡一百四十家。其他書之涉於禮記者，所採錄不在此數也。今自鄭注孔疏而外，原書無一存者，可謂禮記注家之蒐採極博者也！時樂清王與之次點撰周禮訂義八十卷，采舊說五十一家，亦稱極博！然唐以前，僅杜子春鄭興鄭衆鄭玄崔靈恩賈公彥等六家；其自劉敞以下四十五家，則皆宋人，凡文集語錄，無不搜采；蓋以當代諸儒爲主，古義特附存而已。冠以浦城眞德秀西山序稱：「鄭賈諸儒，析名物，辨制度，不爲無功；而聖人微旨，終莫之睹！惟洛之程氏，關中之張氏，獨得聖經精微之蘊！永嘉王君，其學本於程張。」蓋以義理爲本，典制爲末，故所取宋人獨多矣！其注考工記，據古文尚書周官司空之職，謂冬官未嘗亡，則襲俞廷椿之說。惟是四十五家之書，十佚八九；僅藉與之是編以傳，雖貴近賤遠，不及衞湜禮記集說之多存古義，而蒐羅宏富，要亦湜之亞矣！此宋儒禮注之宏博者也。若乃根據注疏，義取簡約，厥有臨卭魏了翁鶴山之儀禮要義五十卷，贛州朱申繼顯之周禮句解十二卷。了翁之書，爲九經要義之一；於每篇各爲條目，而節取注疏，錄於下方，與周易尙書要義略同；蓋其著書本例如是也。夫儀禮於諸經爲難讀；而鄭注古奧不易通；賈疏文繁句複，雖詳贍而傷蕪蔓，端緒不明。今了翁删繁取要，分臚綱目，條理秩然，使品節度數之辨，不復以辭義轇轕爲病；斯足爲初學之津梁也！中之句解，大略逐句詮釋，裁約注疏而申以己見；其間有力主注疏而曲爲引證者；然亦有與注疏異者；至於注疏之疑不能決者，則從多聞闕疑之例；誠愼之也！然寧鄉易祓彥章撰周官總義三十卷，則直研索經文，斷以己意，與注疏不嫌異同；雖持論互有短長，要皆以經釋經，不爲鑿空；而於職方氏之地理山川，考證尤詳；斯又詞必己出，不蹈前人者也！南宋入元而禮家胥出南人；蓋仍宋學也。最著者崇仁吳澄草廬掇拾逸經以補儀禮之遺，撰儀禮逸經傳二卷。凡經八篇：曰投壺禮，曰奔喪禮，取之禮記。曰公冠禮，曰諸侯遷廟禮，曰諸侯釁廟禮，取之大戴禮記，而以小戴禮記相參定。曰中霤禮，曰禘於太廟禮，曰王居明堂禮，取之鄭康成三禮注所引逸禮。編次先後，皆依行禮之節次，不盡從其原文；蓋仿朱子儀禮經傳通解之例。其引二戴記，著所出，鄭注不著所出。惟鄭注三禮曾引之天子巡狩禮，烝嘗禮，軍禮，朝貢禮，逸奔喪禮，皆未見採；而中霤禮，禘於太廟禮，王居明堂禮之見引鄭注，未採澄書者亦不少。至傳十篇，則皆取之二戴記；曰冠儀，曰昏儀，曰士相見儀，曰鄉飲酒儀，曰鄉射儀，曰燕儀，曰大射儀，曰聘儀，曰公食大夫儀，曰朝事儀；其鄉射儀，大射儀，取禮記射義篇所陳天子諸侯卿大夫之射，釐之爲二。其士相見公食大夫二儀，則取宋劉敞之所補。然敞擬記而作者，尚有投壺儀一篇，亦見敞所著公是集，而澄遺焉；則亦不免多所疏漏。然較之祁門汪克寬德輔所撰之經禮補逸，則條例精密多矣！克寬之經禮補逸九卷，蓋取儀禮周官大小戴記春秋三傳以及諸經之文，有涉於禮者，以吉凶軍賓嘉五禮統之；吉禮之目六十有八，凶禮之目五十有七，軍禮之目二十有五，賓禮之目十有三，嘉禮之目二十有一，而以禮經附說終焉。然克寬究心道學；於禮家度數，非所深求；於著書體例，亦不甚講；如每條必標出典是矣；乃一類之中，條條連綴書之，合爲一篇，文相屬而語不屬，遂致參差無緒；又此書實考典文，非考故事，乃多載春秋失禮之事，繫以論說，雜列古制之中；卷頁雖視澄書爲增，而精實則遠遜澄焉！澄之撰禮記纂言也，其書三十六卷，每一卷爲一篇；大致以戴記經文龎雜，疑多錯簡，故每一篇中，其文皆以類相從，俾上下文意義聯屬貫通，而識其章句於左。其三十六篇次第，亦以類相從。凡通禮九篇，喪禮十一篇，祭禮四篇，通論十一篇，各爲標目；如通禮首曲禮，則以少儀玉藻篇附之，皆非小戴之舊；蓋劉向別錄魏徵類禮之嗣響也。他如大學中庸依宋儒別隸四書，而投壺奔喪歸於儀禮；冠義等六篇別輯爲儀禮傳，胥以隸於儀禮逸經傳之內焉。儻亦張皇補苴，有裨禮經者乎！若乃疏解三禮，繼往開來，厥有豫章毛應龍介石之周官集傳十六卷，長樂敖繼公君善之儀禮集說十七卷，都昌陳澔可大之禮記集說十卷；大抵好爲肊談，不本古義；三家之所同蔽！而度長絜短，當以敖繼公儀禮集說爲善。其自序稱：『鄭康成注疵多而醇少；刪其不合於經者。意義有未足，則取疏或先儒之說以補之。又未足，則附以一得之見。』又疑喪服傳違背經義，非子夏作，皆未免宋儒師心之餘習。然於鄭注之中，錄其所取，而不攻駁所不取，無吹毛索垢，百計求勝之心。蓋繼公於禮，所得頗深；其不合於舊說者，不過所見不同，各自抒其心得；初非矯激以爭名；故與目未睹注疏之面而隨聲佐鬭者有不同也！且鄭注簡約，又多古語。賈公彥疏尚未能一一中明；繼公獨逐字研求，務暢厥旨，實能有所發揮；則亦不病其異同矣！毛應龍之周官集傳，膠執舊文，疏於考核，不如敖繼公儀禮之能疏通證明；然諸家訓釋，引据頗博；而於冕服車旗之度，廟祧昭穆之制，司尊彝之六尊六彝，司几筵之五几五席，方弓義弓之異名，正歲正月之並用，條例引證，頗爲明晰。宋以來諸家散佚之說，尙因是以存崖略；其蒐輯之功，尤不可沒也！至陳澔之禮記集說，其詳明者，皆襲自鄭注；其簡略者，卽自以意爲刪改；不知禮制當有根據，禮意當有發明，而箋釋字句，循文爲詁，用爲蒙訓則有餘，求以經術斯不足；要視敖繼公之儀禮，毛應龍之周禮，尤爲卑之無甚高論者矣！初仁宗制定科舉，雖罷儀禮周禮，不以試士，獨用禮記；然禮記則專用古注疏；蓋其時老師宿儒，猶有存者；知禮不可以空言解也。澔之集說，徒託空言；而成書則在仁宗制科舉之後，本不爲議禮者所重；徒以禮文奧賾，誦讀爲難，因其疏解，得知門徑，斯以爲便蒙之讀本耳！詎意明纂元祚，遂定禮記用澔說。而成祖命行在翰林院學士胡廣等修五經大全，其中禮記三十卷，壹以澔說爲宗，用以取士，遂誦習相沿。而不知用注疏，則集說之精華畢出。用集說則昔賢之訓詁半淪。此固澔始願所不及也！夫說禮記者，漢唐莫善於鄭孔，而鄭注簡奧，孔疏典贍；皆不似澔說之淺顯。宋儒莫詳於衞湜，而卷帙繁富，亦不似澔說之簡易。又南宋以來，朱子之學大行；而澔父大猷師餘干饒魯，魯師黃幹；而幹爲朱子之壻；遂藉朱學之旗鼓，獨列學官而成禮家不刊之書焉！自是禮記之陳澔集說行而鄭注孔疏廢！三禮之在有明，幾爲絕學！禮記旣古義蕩然！而儀禮束閣無人問！獨周禮差多習者。然周禮一書，得鄭注而訓詁明，得賈疏而名物制度考究大備；雖有疏舛，要非宋元諸儒望文鑿空者所得置辭也！宋儒周程張朱自度徵實之學，必不能出漢唐上，故雖盛稱周禮而皆無箋注之專書；其傳於今者，王安石王昭禹始推尋於文句之間；而自俞廷椿以後，多騁臆見，竄亂五官以補冬官之亡；經遂破裂不完！朱申以後，又苟趨簡易，以敍官爲無用而刪之；經遂有目無綱！沿及明代，彌逐頹波，又空疏不事考據，而推論義理；於是考證之學，漸變爲論辨之學。其可考見者，如山陰季本明德之讀禮疑圖六卷；歸安唐樞惟鎭之周禮因論一卷，崑山王應電昭明之周禮傳十卷，翼傳二卷圖說二卷；德清沈瑤林珍之周禮發明一卷；大抵議論多而考證少！至廣昌何喬新廷秀之周禮集注七卷；進賢舒芬國裳之周禮定本四卷；長興陳深子淵之周禮訓雋二十卷；長樂柯尙遷之周禮全經釋原十四卷；休寧金瑤德溫之周禮述注六卷；豐城徐郎登匡岳之周禮說十四卷；京山郝敬仲輿之周禮完解十二卷；莆田郭良翰道憲之周禮古本訂註六卷，則又承譌襲謬，竄亂古經，而宗宋俞廷椿冬官不亡之說者也。鄭注賈疏亦幾幾乎從祧矣！獨崑山王志長平仲於神宗之世，撰周禮注疏刪翼三十卷，壹以鄭注賈疏爲主；謂之刪者，以其書多刊削鄭注賈疏之繁文也；又雜引諸家之說以發明其義，故謂之翼；雖多采宋以後說，不免浮文妨要；而能以注疏爲根柢，尙變而不離其宗者也！又篇第壹遵舊次，不爲竄亂，亦爲力遏橫流。在經學荒蕪之日，臨深爲高，可謂研心古義者矣！既讓淸代興，禮學重光！而首開風氣，驅除先路者；厥推濟陽張爾歧稷若鄞縣萬斯大充宗，皆明之遺獻也！初爾歧之父曰廷鸞者，自以家藏宋景德中官本儀禮疏，正經注語，皆標起止；而疏文列其下；因以明國子監刊本附益手自點校，并取朱子與黃幹楊復所次成儀禮鄭注句讀十七卷，附監本正誤石經正誤二卷。其書全錄儀禮鄭注，摘取賈疏而略以己意斷之；於字句同異，考證極詳；所校除監本外，則有唐開成石經本，元吳澄本，及陸德明音義，朱子師弟經傳通解諸家；其謬誤脫落，衍羨顚倒，經注混淆之處，皆參考得實；又以監本十三經儀禮脫誤尤多，而西安王堯惠刻石經補字，亦有舛錯，乃爲一一駁正；而因其文之古奧難通也，故並爲之句讀。蓋儀禮一經，自唐韓愈已苦難讀，故習者愈少，傳刻之譌愈甚！爾歧茲編，於學者可謂有功矣！崑山顧炎武亭林於友朋嚴於推許，獨爲人稱爾歧儀禮鄭注句讀一書，根本先儒，立言簡當，而惜其不求聞達，無當時之名！作廣師篇曰：『獨精三禮，卓然經師，吾不如張稷若！』推挹甚至，不徒然也！至斯大以三禮名當世，不同爾歧之闇然隱淪，傳者稱『斯大排纂說禮之言，較衛湜爲尤傳；湜無所折衷，而斯大則批郤導窾，言之了了；爲書三百卷。』惜其不見！而別出者四書：曰周官辨非一卷，大旨病其官冗而賦重，歷引諸經之相牴牾者，以力攻其僞也。曰儀禮商二卷，則取儀禮十七篇，篇篇爲之說者也。曰學禮質疑二卷，蓋讀禮有不安者，以志疑也。曰禮記偶箋三卷，則與學禮質疑相爲表裏者。大抵好出新義，勇於師心；讀者或喜其覃思，而亦嫌其自用！然斯大學本淹通，用思尤銳，其合處往往發明前人所未發；如儀禮商之辨治朝無堂；學禮質疑之辨商周改月改時，周詩周正，兄弟同昭穆，及宗法十餘篇，推闡皆極精確，置其非而存其是，亦未始非一家之學也！然好騁獨見，不盡可依據；轉不如張爾歧恪守鄭注，離經辨志之謹樸矣！自張爾歧萬斯大而後，風氣大開，議禮之作日出，略可考見者：周禮則有安溪李光坡耜卿之周禮述注二十四卷；李鍾倫世得之周禮訓纂二十一卷；桐城方苞望溪之周官集注十三卷，周官析疑三十六卷，考工記析義四卷，周官辨一卷；吳縣惠士奇天牧之禮說十四卷；婺源江永慎修之周禮疑義舉要七卷；金壇段玉裁懋堂之周禮漢讀考六卷；韋協夢之周官彙說三十二卷，附解義十二卷；武進莊存與方耕之周官記五卷，周官說二卷，周官說補三卷；德淸徐養原新田之周官故書考四卷；南城王聘珍貞吾之周禮學二卷；南海曾釗冕士之周禮注疏小箋四卷；湘潭王闓運壬秋之周官箋六卷；瑞安孫詒讓仲容之周禮正義八十六卷焉。儀禮則有李光坡之儀禮述注十七卷；方苞之儀禮析疑十七卷；仁和吳建華中林之儀禮章句十七卷；無錫蔡德晉仁錫之禮經本義十七卷；吳江沈彤果堂之儀禮小疏一卷；長洲褚寅亮搢升之儀禮管見四卷；秀水盛世佐之儀禮集編四十卷；江永之儀禮釋例一卷；段玉裁之儀禮漢讀考一卷；歙縣凌廷堪次仲之禮經釋例十三卷；韋協夢之儀禮集解四十卷，儀禮章句十七卷；武進張惠言皋文之儀禮圖六卷，讀儀禮記二卷；續溪胡培翬竹村之儀禮正義四十卷，涇胡承珙墨莊之儀禮古今文疏義十七卷；徐養原之儀禮古今文異同疏證十七卷；嘉定金曰追璞園之儀禮經注疏正譌十七卷；績溪胡匡衷樸齋之鄭氏儀禮目錄校證一卷；王聘珍之儀禮學一卷，湘鄉曾國藩滌生之讀儀禮錄一卷；遵義鄭珍子尹之儀禮私箋六卷；湘潭王闓運壬秋之禮經箋十七卷焉禮記則有滿洲納喇性德容若之陳氏禮記集說補正三十八卷；李光坡之禮記述注二十八卷；方苞之禮記析疑四十六卷；江永之禮記訓義擇言八卷，仁和杭世駿大宗之續衛氏禮記集說一百卷；江都焦循里堂之禮記補疏三卷；陽城張敦仁古餘之撫本禮記鄭注考異二卷；德清俞樾蔭甫之禮記異文箋禮記鄭讀考各一卷；侯官陳喬樅樸園之禮記鄭讀考六卷，湘潭王闓運壬秋之禮記箋四十六卷，湘陰郭嵩燾筠仙之禮記質疑四十九卷焉。若乃一事一篇，專攻名家者，周禮則有沈彤之周官祿田考三卷；嘉定王鳴盛西莊之周禮軍賦說四卷；休寧戴震東原之考工記圖二卷；儀徵阮元芸臺之車制圖考一卷；歙程瑤田易疇之溝洫疆理小記水地小記考工創物小記各一卷；鄭珍之考工輪輿私箋一卷，附圖一卷；定海黃以周元同之軍禮司馬法一卷。儀禮則有秀水諸錦襄七之補鄉禮一卷，荆溪任啓運翼聖之宮室考十三卷，肆獻祼饋食禮三卷；江永之釋宮譜增注一卷；興化任大椿幼植之弁服釋例八卷；臨海洪頤煊筠軒之禮經宮室答問二卷；程瑤田之喪服足徵記十卷；胡匡衷之儀禮釋官九卷，南豐吳嘉賓子序之喪服會通說四卷。禮記則有錢塘邵泰衢鶴亭之檀弓疑問一卷；江永之深衣考誤一卷；吳縣惠棟定宇之明堂大道錄八卷，禘說二卷；任大椿之深衣釋例三卷；胡培翬之燕寢考三卷；善化皮錫瑞鹿門之王制箋一卷；南海康有爲長素之禮運注一卷。而兼綜博考，不名一家者，則又有崑山徐乾學健菴之讀禮通考一百二十卷；平湖陸隴其稼書之讀禮志疑六卷；江永之禮書綱目八十五卷；金匱秦蕙田樹峯之五禮通考二百六十二卷；歙金榜檠齋之禮箋三卷，曲阜孔廣森撝約之禮學卮言六卷；江都凌曙曉樓之禮說四卷；侯官陳喬樅樸園之禮堂經說二卷；臨海金鶚誠齋之求古錄禮說十五卷，補遺一卷；當塗夏炘心伯之學禮管釋十八卷；仁和邵懿辰位西之禮經通論一卷；黃以周之禮書通故一百卷；皮錫瑞之三禮通論一卷焉。凡一千六百三十一卷，其不知者蓋闕如也；可謂洋洋乎大觀也哉！問嘗究其得失明其指歸；有考訂字句，正其譌脫者。有辨章注語，校其音讀者。有離經辨志，明其章句者。有發凡起例，觀其會通者。有删正舊注，訂其闕失者。有駁糾前人，庶乎不刊者。有明發經疑，以俟論定者。有偶疏小箋，自抒所見者。有折衷至當，重造新疏者。有依物取類，繪爲禮圖者。有疏證名物，究明古制者。有心知其意，創通大義者。有網羅衆說，博采前賢者。有旁采古記而補禮經之闕佚者。有囊括大典而考禮制之沿革者。有兼綜三禮而明禮學之源委者。略條諸家，以明指歸。則有胡承珙之儀禮古今文疏義，徐養原之周官故書考儀禮古今文異同疏證，金曰追之儀禮經注正譌，張敦仁之撫本禮記鄭注考異，俞樾之禮記異文箋，斯所謂考訂字句，正其譌脫者也。段玉裁之周禮漢讀考儀禮漢讀考，俞樾陳喬樅之禮記鄭讀考，斯所謂辨章注語，校其音讀者也。吳廷華韋協夢之儀禮章句，江永之禮書綱目，胡匡衷之鄭氏儀禮目錄校證，所謂離經辨志，明其章句者也。江永之儀禮釋例，凌廷堪之禮經釋例，莊存與之周官記，任大椿之弁服釋例深衣釋例，斯所謂發凡起例，觀其會通者也。李光坡之周禮述注儀禮述注禮記述注，李鍾倫之周禮訓纂，斯所謂删正舊注，訂其闕失者也。納喇性德之陳氏禮記集說補正，惠士奇之禮說，沈彤之周官祿田考，江永之禮記訓義擇言深衣考誤，褚寅亮之儀禮管見鄭珍之儀禮私箋；斯所謂駁糾前人，庶乎不刊者也。陸隴其之讀禮志疑，方苞之周官析疑周官辨儀禮析疑禮記析疑，邵泰衢之檀弓疑問，江永之周禮疑義舉要，郭嵩燾之禮記質疑，斯所謂明發經疑，以俟論定者也。沈彤之儀禮小疏，金榜之禮箋，孔廣森之禮學卮言，莊存與之周官說周官說補，焦循之禮記補疏，張惠言之讀儀禮記王聘珍之周禮學儀禮學，曾國藩之讀儀禮錄，曾釗之周禮注疏小箋，斯所謂偶疏小箋，自抒所見者也。胡培翬之儀禮正義，孫詒讓之周禮正儀，斯所謂折衷至當，重造新疏者也。戴震之考工記圖，阮元之車制圖考，張惠言之儀禮圖，鄭珍之考工輪輿私箋附圖，斯所謂依物取類，繪爲禮圖者也。任啓運之宮室考，江永之釋宮譜增注，王鳴盛之周禮軍賦說；程瑤田之溝洫疆理小記水地小記考工創物小記，洪頤煊之禮經宮室答問，胡培翬之燕寢考，胡匡衷之儀禮釋宮，陳喬樅之禮堂經說，金鶚之求古錄禮說，夏炘之學禮管釋，斯所謂疏證名物，究明古制者也。惠棟之明堂大道錄，禘說，程瑤田之喪服足徵記，凌曙之禮說，吳嘉賓之喪服會通說，皮錫瑞之王制箋，康有爲之禮運注，斯所謂心知其意，創通大義者也。方苞之周官集注，蔡德晉之禮經本義，杭大宗之續衞氏禮記集說，盛世佐之儀禮集編，韋協夢之周官彙說儀禮集解，斯所謂網羅衆說博采前賢者也。諸錦之補饗禮，任啓運之肆獻祼饋食禮，黃以周之軍禮司馬法，斯所謂旁蒐故記而補禮經之闕佚者也。徐乾學之讀禮通考，秦蕙田之五禮通考，黃以周之禮書通故，斯所謂括囊大典而考禮制之沿革者也。邵懿辰之禮經通論，皮錫瑞之三禮通論，斯所謂兼綜三禮而明禮學之源委者也。雖議禮考文，厥功無二；然識大識小，賢否判然。而揚榷羣言，較其短長，要以惠士奇之禮說，盛世佐之儀禮集編，褚寅亮之儀禮管見，杭大宗之續禮記集說，秦蕙田之五禮通考，段玉裁之二禮漢讀考，莊存與之周官記，淩廷堪之禮經釋例，張惠言之儀禮圖，胡培翬之儀禮正義；邵懿辰之禮經通論，十二家開設戶牖，爲能不誣來學，斯有可得而論者焉！按惠士奇之禮說，厘限於周禮，而言禮學者，固以鄭玄爲宗；然必悉其名物而後可求其制度；得其制度而後可語其義理。鄭玄之時，去周已遠，其注周禮，多比擬漢制以明之；後世去漢年代杳遠，在玄當日之所謂猶今某物某事某官者，多不解爲何語；而當日經師訓詁，輾轉流傳，亦往往形聲並異，不可以今音今字推求。士奇之書，雖不載全經而惟標舉其所考證駁辨者；然古音古字，無不爲之分別疏通；而援引諸史百家之說，或以證明周制，或以參考鄭氏所引之漢制以遞求周制，而闡明制作之意；尤爲有裨禮學，不惑方來！其持論以爲「禮經出於屋壁，多古字古音。經之義存乎訓；識字審音，乃知其義；故詁訓不可改也。康成注經，皆從古讀；蓋字有音義相近而譌者，故讀從之；後世不學，遂謂康成好改字，豈其然乎！康成三禮，何休公羊，多列漢法，以其去古未遠，故借以爲況。賈公彥於鄭注，如『飛矛』『扶蘇』『薄』『借綦』之類，皆不能疏；所讀之字，亦不能疏；輒曰從俗讀，甚非不知蓋闕之義！夫漢遠於周，而唐又遠於漢；宜其說之不能盡通也！況宋以後乎！周秦諸子，其文雖不雅馴，然可引爲禮經之證；以其近古也。故不讀非聖之書者，非善讀書！」斯誠通儒之談，而非拘文牽義之經生所敢與知者也！盛世佐本末無考，其儀禮集編一書，成於乾隆十二年丁卯，雖不如惠氏禮說之滙深經術，而裒輯古今說儀禮者一百九十七家，斷以己意，無淺學空腹高談輕排鄭賈之習；於諸家謬誤，辨證極詳；而以宋楊復之儀禮圖，本注疏作；然時有併注疏之意失之者，亦一一是正之，其持論謂『朱子儀禮經傳通解，析諸篇之記，分屬經文；蓋編纂之初，不得不權立此例以便尋省；惜未卒業，而門人繼之，因仍不改，非朱子意！』故是編經自經，記自記，一依鄭玄；其士冠士相見喪服等篇經記傳寫混淆者，則別定次序於後而不敢移易經文；亦可謂儀禮家之謹嚴者矣！時則有褚寅亮殫精儀禮蓋三十年；嘗謂：『宋人說經好爲新說，棄古注如土苴。獨儀禮爲樸學，空談義理者無從措辭；而朱子黃幹楊復諸大儒又崇信之，故鄭氏專門之學，未爲異義所汨！至元吳興敖繼公出，乃詆爲『疵多醇少，』其所撰集說，云采先儒，寔騁私臆！學者苦注疏之繁重而樂其易曉，往往舍古訓而從之！近儒方苞沈彤咸稱其善。然推繼公之意，不在解經而實有意與鄭玄立異，特巧於立言，含而不露，若無意排擊者；是以入其玄中而不悟！至於說有不通，甚且改竄經文，曲就其義；如鄉飲酒記『若有北面者東上，』敖改東爲西。不知注明言『統於門，』門在東，則不得以西爲上也。鄉射記『勝者之弟子洗觶升酌，南面坐奠於豐上，降，袒執弓，反位；』敖以『袒執弓』句爲衍。不知所謂『勝者之弟子，』即射賓中年少者；以是勝黨，故『袒執弓，』非衍文也。燕禮『媵觚於賓，』

敖改觚爲觶不知獻以爵者酬以觶。燕禮，宰夫主獻；既不以爵，則酬亦不以觶矣！安可破觚爲觶乎？大射儀『以耦左還上射于左，』敖依鄉射改爲于右。不知上射位在北，下射位在南，鄉射大射所同。但鄉射位在福西，從福向西，則北爲右。大射次在福東，從福向東，則北爲左。敖比而同之，昧于東西之別矣！喪服記：『公子爲其妻縓冠』敖改縓爲練。不知練冠之紕，亦緣以縓，故間傳云：『練冠縓緣；』就其質言之曰練冠；就其紕言之曰縓冠；毋重，故言其質；妻輕，故言其紕；非有二也。士虞禮『明齊溲酒』敖以溲酒爲衍文。不知注明言『有酒無醴，』而据下文『普薦溲酒，』亦專言酒，不及醴；豈得妄解明齊爲醴，輒删經文乎？特牲饋食禮：『三拜衆賓，衆賓答再拜；』敖改再爲一。不知鄉飲酒衆賓答一拜者，大夫爲主人也。有司徹之答一拜者，大夫爲祭主也。此士禮，安得以彼相例乎？』凡如所云，皆融貫全經，疏通證明，雖善辨者不能爲敖氏置喙也！因著儀禮管見一書，雖不如盛世佐儀禮集編之博洽，而於敖氏書繩愆糾違，亦有世佐所不逮者焉！杭世駿續禮記集說，所錄自宋元人迄於清初，別擇固極精審；而蒐采之博，亦不亞盛世佐之於儀禮集編；惟其書網羅羣言，而略不折衷以已意，則有與世佐異者蓋仍衞湜之例，然論禮書之採摭極博，當無有過於秦蕙田五禮通考者也！蕙田專攻禮學，及冠之年，與同縣蔡德晉宸錫吳鼐大年吳鼎尊彝兄弟爲讀經會；而蕙田寔尸其事。相與論「三禮自秦漢諸儒抱殘守缺，注疏雜入讖緯，轇轕紛紜。宋史載『朱子嘗欲取儀禮周官二戴記爲本，編次朝廷公卿大夫士民之禮，盡取漢晉以下諸儒之說，考訂辨正，以爲當代之典』。今觀所著經傳通解，繼以黃楊二氏修述，僅彙纂經傳，而未及考訂漢晉以來之禮。然漢晉以來之禮，卽孔子所謂百世可知之禮，皆有天下者議禮考文制度之實，而爲當代禮典所由出；特其沿革損益，不能盡合古人者有之；而其不合之處，正宜搜羅詳述，考訂折衷，以定其是非。此而不錄，則世儒議禮所謂損益可知者，從何處下手？雖欲爲叔孫通之綿蕞而不可得矣！獨崑山徐乾學讀禮通考一書，本之經傳而參以歷代典制，規模義例，具得朱子本意。惜其僅及喪葬，而周官大宗伯所列五禮之目，古經散亡，鮮能尋端竟委！」迺於禮經之文，如郊祀明堂宗廟禘嘗饗宴朝會冠昏賓祭宮室衣服器用等，先之以經文之互見錯出，足相印證者；繼之以注疏諸儒之牴牾訾議者；又益以唐宋以來專門名家之考論發明者；

半月一會，問者難者，答者辨者，迴旋反覆，務期愜諸己，信諸人而後乃筆之箋釋，存之考辨，如是者二十餘年而裒然漸有成帙矣！然後發凡起例，一依徐氏而網羅衆說以成一書；凡爲類七十五；以樂律附於吉禮宗廟制度之後；以天文推步句股割圜立觀象授時一題統之；以古今州國都邑山川地名立體國經野一題統之；並載入嘉禮，雖事嫌旁涉，非五禮所應該，不免有炫博之意；然周代六官統名曰禮；禮之用，精粗條貫，所賅本博；故朱子儀禮經傳通解於學禮載鍾律詩樂；又欲取許愼說文解字序說及九章算經爲書數篇而未成；則蕙田之以類纂附，尙不爲無據也。顧同縣顧棟高震滄讀其書而譏焉，謂『援引多而斷制少，典故多而發明少，如禮書總帳簿；讀者漫無別擇，甚無謂也！』蕙田則應之曰：「援引者，斷制之所從出；斷制者，援引之歸宿也。苟不援引，何從斷制！善援引者，正卽援引而成斷制；非兩事也。孔子曰：『禮失而求諸野。』稗官小說，亦取其言之是而助吾之斷制者耳。卽不然，亦顯著其謬，明斥其非，不使如隱慝之潛滋，陰流其毒以惑後世而潛害吾之斷制者耳。如此，則援引愈多，典故愈多，而發明斷制亦因以詳備；然後疑處可破，碍障可除；先聖之制作，乃獨伸其是而尊於百世之上！豈漫無別擇而牽引之哉！若使希圖省事，源流本末，罔然不知；卽有所謂斷制者，亦必憑私忖度，罅隙百出，動輒罣礙而不足信。孔子曰：『文獻不足故也，足則吾能徵之矣！』中庸曰：『無徵不信。』徵者，援引也，典故也。」以故考證經史，原原本本，具有經緯，而同削草者吳鼎與校訂者，桐城方觀承宜田嘉定錢大昕莘楣山陽吳玉搢山夫也。可謂體大物博而集歷代禮制之大成者矣！然議禮制固綦難；考禮文亦不易！而考禮文之審，其惟段玉裁之二禮漢讀考乎！自序稱：「點畫謂之文，文滋謂之字。音讀謂之名，名之分別部居謂之聲類。鄭君注周禮，多采杜衞賈馬二鄭之說，猶有差錯，同事相違，則就其原文字之聲類，考訓詁。蓋訓詁必就其原文，而后不以字妨經；必就其字之聲類，而後不以經妨字也。漢人作注，於字發疑正讀，其例有三：一曰『讀如讀若』，二曰『讀爲讀曰』，三曰『當爲』。『讀如讀若』者，疑其音也；古無反語，故爲比方之詞。『讀爲讀曰』者，易其字也；易之以音相近之字，故爲變化之詞。比方主乎同；音同而義可推也。變化主乎異；字異而義憭然也。比方主乎音。變化主乎義。比方不易字，故下文仍舉經之本字。變化字已易，故下文輒舉所易之字。注經必兼茲二者，故有『讀如』有『讀爲』。字書不言變化，故有『讀如』無『讀爲』。有言『讀如某』『讀爲某』而仍本字者；『如』以別音；『爲』以別義。『當爲』者，爲字之誤，聲之誤而改其字也，爲救正之詞。形近而譌，爲字之誤；聲近而譌，爲聲之誤；字誤聲誤而正之，謂之『當爲』。凡言『讀爲』者，不以爲誤；言『當爲』者，斥其誤。三者分而漢注可讀，而經可讀。三者皆以音爲用，六書之形聲假借轉注，於是焉在！』是則周禮漢讀三例，寔自玉裁發之；其言固不僅爲禮經發，而周禮寫自古文，儀禮稱尤難讀，禮文不先爲考定，禮制且無從置議！因先成周禮漢讀考六卷，而『讀如』『讀爲』『當爲』之諸例，俱在焉。其儀禮則僅成士冠禮一卷而已！亦不如周禮之完密也！夫周禮一書，根據鄭注，考其讀例者，莫如段玉裁之漢讀考。而融貫經文，明其制度者，當推莊存與之周官記，關通羣經，融會參證，於體國經野分土任民之法，言之尤詳，其書不循文注箋，而提要鉤玄，自成一書；匪經文之輿儓，寔古禮之別記也！至儀禮之所以難讀者，朱子云：『祇爲重複，倫類若通，則其先後彼此展轉參照，足以互相發明。』誠哉是言！然通倫類，宜起凡例。鄭注賈疏，咸重發凡而有未逮！淩廷堪禮經釋例，融貫全經，凡通例四十，飲食之例五十有六，賓客之例十有八，射例二十，變例二十有一，祭例三十，器服之例四十，雜例二十有一；宏綱細目，經緯具在。信足匡鄭賈所未逮，而爲禮經之功臣！然而不別立宮室之例者，蓋以爲宋李如圭儀禮釋宮已詳故也。惟是讀儀禮者，必明宮室而后陳設進退知所措。宋楊復儀禮圖無宮室，論者以爲未得要領；淩例將無同譏？獨張惠言仿楊復取儀禮十七篇篇爲之圖，而首冠以宮室之圖，總絜綱領，以補楊復之所未有；可謂知所先務也！自淩廷堪撰禮經釋例，而後詳略隆衰，儀禮之節文明。張惠言制儀禮圖，而後陳設進退，儀禮之器數明。至胡培翬覃精儀禮，謂：『鄭注而後，賈疏獨行，或解經而違經旨，或申注而失注意』；參稽衆說，別造正義。自述所造，其例有四：曰『補注，』補鄭玄注所未備也。曰『申注，』申鄭玄注義也。曰『附注，』近儒所說，雖異玄恉，義可旁通，附而存之，廣異聞，祛專己也。曰『訂注，』鄭玄注義，偶有違失，詳爲辨正；別是非，明折衷也。雖乖唐賢『疏不破注』之例；要之無所依違，期于大通，斯足以破經生拘墟之見，而祛曲學專己之私焉！邵懿辰禮經通論，不斷斷於訓詁名物；而考訂源流，辨章經記，卓乎禮學之鈐鍵矣！黃以周兼綜三種，撰禮書通故，列五十目，囊括大典；殫見洽聞，與秦蕙田五禮通考比隆；其校覈異義，或謂過之！蓋蕙田通考按而不斷，而以周則博徵古說而斷以己意者也！然通考之作，『卽援引以成斷制；』蕙田固明言之矣！寧不能斷制哉！乃或者以此損蕙田而揚以周，斯亦未爲知言也！孫詒讓專攻周禮，別造正義，大抵以爾雅說文正其詁訓，以禮經大小戴記證其制度，而博采漢唐宋以來，迄於清儒諸家解詁，參互證繹，以發鄭注之淵奧，裨賈疏之遺闕；蓋鄭注極簡奧，而賈疏或隱略，又於杜子春鄭興鄭衆三人異義，後鄭之所不采者，但有糾駁，略無申證。詒讓謂『唐疏例不破注，固無足怪；然六朝義疏則不盡然。鄭注精貫羣經，固不容破；然杜鄭三君之義，後鄭所讚辨者，本互有是非。乾嘉經儒，考釋此經，間與鄭異；而於古訓古制，宣究詳確，或勝注義。』博稽衆家，輒据匡糾，凡所發正後鄭數十百事。而拘牽後鄭義者，往往又仇王肅。詒讓壹無適莫；郊社禘祫則從鄭；廟制昏期則從王；於鄭注不爲曲從。亦猶胡培翬儀禮正義訂注之例也。至其甄采舊疏，明揭賈義；不如胡培翬儀禮之或襲賈釋而沒不稱名；其不攘善之用心，尤有培翬所不逮者焉！獨是讓清禮學冠絕前古。正義儀禮，前有胡氏，更疏周官，別出詒讓；更光前人，有功禮學！獨禮記則無之！不惟三禮新疏，缺一不備。昔聞元和江聲艮庭之歿，詔其子以告友人陽湖孫星衍淵如曰：『吾父死無他言，疑周官儀禮之委曲繁重，不可行於今也。』星衍則譍之曰：「禮意之會通在禮記；禮記不曰『君子行禮不求俗』又曰『禮從宜，使從俗』乎？居喪衣衰麻，不食肉飲酒；而公門則脫齊衰；大夫父友食之，則飲酒食肉。惜不能以此告之矣！」旨哉！然則筦禮學之樞要者，禮記也。儻籀禮義，必明禮記。惜無人更爲之疏以有光於前人者！至皮錫瑞三禮通論大抵本邵懿辰之禮學通論而博采衆說以爲敷佐，別白今古，論證沿革，俾學者有從入之途，而無多歧之患；斯寔讀禮之指南，治學之入門也。惟是學者並稱三禮，罕及大戴，然考大戴所記夏小正爲夏時書，禹貢惟言地理，茲則言天象與堯典合。公冠諸侯遷廟釁廟朝事等篇，足補儀禮十七篇之遺。盛德明堂之制，爲考工記所未備。投壺儀節，較小戴爲詳。哀公問字句，較小戴爲確。然則大戴不可廢也。顧北周盧辯之注，既未精備，而更數千年，無纘業者，章句混淆，古字更舛。迨清儒休寧戴震東原，餘姚盧文弨抱經相繼校訂，蹊逕漸闢。曲阜孔廣森撝約乃博稽羣書，參會衆說，爲大戴禮記補注十三卷，敍錄一卷；然肊改記文，有識或病！南城王聘珍貞吾重爲解詁，凡十三卷，敍錄一卷。其校記文也，專守古本爲家法；所以懲孔廣森妄据他書徑改記文之失！其爲解詁也，義精語潔，確守漢法，多所發明，無隱滯之義，無虛造之文，實有勝於孔廣森之補注者焉！斯亦禮經之別子也！謹以殿於篇末。箋三禮志第五。

春秋志第六

古之王者，世有史官，君舉必書。左史記言，右史記事，事爲春秋，言爲尚書。而史之所記，必表年以首事；年有四時，故錯舉以爲所記之名，題曰春秋也。周室既微，孔子明王道，壹爲魯司寇，秉政；諸侯害之，大夫壅之。孔子知言之不用，道之不行也；於是去魯；斥乎齊，逐乎宋衞，困於陳蔡之間，已而反魯。魯哀公十四年春，西狩於大野，叔孫氏車子鉏商獲獸，以爲不祥；孔子曰：『麟也！』麟者，仁獸也；有王者則至；無王者則不至。有以告者曰：『有麏而角者。』孔子曰：『孰爲來哉！孰爲來哉！』反袂拭面，涕沾袍。顏淵死。子曰：『噫！天喪予！』子路死。子曰：『噫！天祝予！』及西狩獲麟，孔子曰：『吾道窮矣！弗乎弗乎！君子疾沒世而名不稱焉！吾道不行矣！吾何以自見於後世哉！我欲載諸空言，不如見諸行事之深切著明也。』故西觀周室，論史記舊聞，得百二十國寶書；以魯周公之國，禮文備物，史官有法；故托於魯而次春秋；據行事，仍人道；因興以立功，敗以成罰；假日月以定曆數；藉朝聘以正禮樂；上記隱，下至哀之獲麟，十二公，據魯，親周，故宋，運之三代；約其文辭而指博，上明三王之道，下辨人事之紀，別嫌疑，明是非，定猶豫；善善惡惡，賢賢賤不肖；存亡國，繼絕世，補弊起廢，王道之大者也；其事則齊桓晉文，其文則史。孔子曰：『其義則丘竊取之矣！後世知丘者以春秋，而罪丘者亦以春秋！』王道備，人事浹！七十子之徒，口受其傳指，爲有所刺譏褒諱挹損大人當世君臣有威權勢力，不可以書見也。魯君子左丘明懼弟子人人異端，各安其意，失其眞，故論本事而作傳；明孔子不以空言說經也；或先經以始事，或後經以終義，或依經以辯理，或錯經以合異，具論其語，成春秋左氏傳；以授曾申。申傳魏人吳起。起傳其子期。期傳楚人鐸椒，爲楚威王傳，爲王不能盡觀春秋，采取成敗卒四十章，爲鐸氏微；又作鈔撮八卷，授趙人虞卿。虞卿作虞氏微傳二篇，抄撮九卷，授同郡荀卿；則左丘明之六傳弟子也。旨是傳春秋者分爲二義：有記載之傳，主於記事；春秋之左氏傳是也。有訓詁之傳，主於釋經；公羊穀梁鄒夾之傳是也。鄒氏無師，夾氏有錄無書。而公羊穀梁之傳，皆自卜商。卜商，字子夏，少孔子四十四歲。孔子曰：『吾志在春秋，行在孝經。』春秋屬之商，孝經屬之參也。』齊人公羊高者，嘗受春秋於商，以傳其子平。而平傳子地。地傳子敢。敢傳子壽。至漢景帝時，壽乃與齊人胡毋子都著於竹帛，漢書藝文志著錄公羊傳十一卷者是也。大指明於解經，疏於徵事。文十二年，秦伯使遂來聘。傳云：『賢繆公也。』此誤以康公爲繆公。而襄二年傳云：『齊姜與繆姜，則未知其爲宣夫人歟？成夫人歟？』昭二十年曹伯廬卒於師。傳云：『未知公子喜時從歟？公子負芻從歟？』則當事人且不知矣！事之荒略何論焉！蓋公羊傳之不傳事，與左丘明之傳事不傳義者殊指也。至傳引『子沈子曰』『子司馬子曰』『子女子曰』『子北宮子曰』，又有『高子曰』『魯子曰』，蓋皆春秋傳經之師。而壽及胡毋子都博采其義以爲埤益；是傳義亦不盡出公羊子也。穀梁傳者，始於魯人穀梁赤，亦云自子夏，與公羊傳同。惟公羊高親受指子夏，而穀梁赤秦孝公同時人，乃後代傳聞；以授荀卿。荀卿亦傳左氏，而授穀梁傳於齊人浮邱伯，以傳魯申公，亦係口說，未知誰著竹帛？而題穀梁傳者，蓋著師傳之始穀梁；漢書藝文志著錄穀梁傳十一卷者是也。其傳指在解經，與公羊同。其傳文每往復詰難以盡其義，亦與公羊同。然傳義則有與公羊同者，亦有與公羊異者；而與公羊異者，或並存其義，或直斥其非。莊二年，公子慶父帥師伐於餘丘。公羊云：「『邾婁之邑也。曷爲不繫乎邾婁？』『國之也。』『曷爲國之？』『君存焉爾。』」而穀梁則云「公子貴矣！師重矣！而敵人之邑！公子病矣！其一曰：『君在而重之也。』」「其一曰『君在而重』」之說，卽兼存公羊「『曷爲國之』『君存焉爾』」之義也。文十二年，子叔姬卒。公羊云：「『此未適人，何以卒？』『許嫁矣。』」而穀梁則云：「其曰『子叔姬，』貴也，公之母姊妹也！其一傳曰：『許嫁以卒之也。』」此所謂其一傳，明是公羊傳矣。此並存其義者也。宣十五年，初稅畝，冬蝝生。穀梁云：『蝝，非災也。其曰『蝝，』非稅畝之災也。』此穀梁非公羊之說也。公羊以爲宣公稅畝，應是而有天災，穀梁以爲不然，故曰『非災也，』『非稅畝之災也。』此直斥其非者也。此穀梁義之與公羊異者也。與公羊同者；隱公不書卽位，公羊云『成公意；』穀梁云『成公志。』鄭伯克段于鄢，皆云『殺之。』如此者不可枚舉矣。蓋穀梁晚出因得監省公羊之違畔，而或取，或不取，或非之，或兼存之；與公羊傳義有同有不同也。公羊穀梁皆解正春秋，春秋所無者，公穀未嘗言之。而左氏敘事見本末，則有春秋所無，而左氏爲之傳者焉。有春秋所有而左氏不爲傳者焉。故漢博士謂『左氏不傳春秋，』而推本公穀以爲眞孔子之意也。然秦火之後，漢初惟左氏傳最先出。孝惠之世，北平侯張蒼獻春秋左氏傳，蓋受學於荀卿者也。然則漢之獻書，張蒼最先；而漢之得書，首春秋左氏傳；以先著竹帛，多古字古言，謂之古學。而公羊漢時乃興，傳以今文，謂之今學。胡母生子都以治公羊春秋爲景帝博士；與廣川董仲舒同業；仲舒著書稱其德；年老，歸敎於齊。齊之言春秋者宗事之！菑川公孫弘年四十餘，乃學春秋雜說，亦頗受胡母生之說焉。而董仲舒少治春秋，與胡母生俱爲博士，下帷講誦，弟子傳以久次相授業，或莫見其面；蓋三年不窺園，其精如此！進退容止，非禮不行；學士皆師尊之！武帝卽位，舉賢良文學之士，前後百數，而仲舒以賢良對策；大致案春秋之文，求王道之端，以觀天人相與之際，而得之於正。謂「正次王，王次春。春者，天之所爲也。正者，王之所爲也；其意曰：『上承天之所爲，而下以正其所爲，正王道之端云爾。』謹案春秋謂一元之意，一者，萬物之所從始也；元者，辭之所謂大也；謂一爲元者，視大始而欲正本也。春秋深探其本，而反自貴者始。故爲人君者，正心以正朝廷，正朝廷以正百官，正百官以正萬民，正萬民以正四方，四方正，遠近莫敢不壹於正。孔子作春秋，先正王而繫萬事，見素王之文焉；上揆諸天道，下質諸人情，參之於古，考之於今，故春秋之所譏，災害之所加也。春秋之所惡，怪異之所施也。書邦家之過，兼災異之變，以此見人之所爲，其美惡之極，乃與天地流通而往來相應，此亦言天之一端也。春秋大一統者，天地之常經，古今之通義也。今師異道，人異論，百家殊方，指意不同，是以上亡以持一統；法制數變，下不知所守。諸不在六藝之科，孔子之術者，皆絕其道，勿使並進。邪辟之說滅息，然後統紀可一而法度可明！」自漢治雜黃老刑名，而武帝更推明孔氏，抑黜百家，立學校之官，其議胥自仲舒發之！公孫弘治春秋不如仲舒；而弘希世用事，位至丞相，封平津侯。仲舒以弘爲從諛，而官不過二千石；相江都膠西兩國，輒事驕王，正身以率下，數上疏諫爭，教令國中，所居而治；及去位歸居，終不問家產業，以修學著書爲事。仲舒在家，朝廷如有大議，使使者及廷尉張湯就其家而問之，其對皆以公羊家法；而有公羊董仲舒治獄十六篇著漢書藝文志；春秋決事十卷，見隋書經籍志。此仲舒以公羊斷獄也。仲舒尤喜以公羊明陰陽災異，所著皆明經術之意，及上疏條教，凡百二十三篇；而說春秋事得失，聞舉玉杯蕃露清明竹林之屬，復數十篇十餘萬言，後世結集其篇，曰春秋繁露。繁一作蕃，解之者曰：『繁露，冕之所垂，有聯貫之象，春秋比事屬辭，立名或取諸此也。』其書十七卷，發揮春秋之旨，多主公羊，而後世公羊家所稱『存三統』『張三世』『異外內』三科九旨，一切非常異義可怪之論，罔不導自春秋繁露。何謂存三統？曰：「春秋應天作新王之事，時正黑統，王魯，尙黑，絀夏，新周，故宋，以春秋當新王。『春秋當新王者奈何？』曰：『王者之法必正號，絀王謂之帝，封其後以小國，使奉祀之下存二王之後以大國，使服其服，行其禮樂，稱客而朝。故同時稱帝者五，稱王者三，所以昭五端，通三統也。是故周人之王，尙推神農爲九皇，而改號軒轅謂之黃帝，因存帝顓頊帝嚳帝堯之帝號，絀虞而號舜曰帝舜，錄五帝以小國。下存禹之後於杞，存湯之後於宋，以方百里，爵號公，皆使服其服，行其禮樂，稱先王客而朝。春秋作新王之事，變周之制，當正黑統，而殷周爲王者之後，絀夏改號禹謂之帝禹，錄其後以小國。』故曰『絀夏，存周，以春秋當新王。』」此著於三代改制質文篇者也。何謂張三世？曰：『春秋分十二世以爲三等：有見，有聞，有傳聞。有見三世，有聞四世，有傳聞五世。故哀定昭，君子之所見也。襄成文宣，君子之所聞。僖閔莊桓隱，君子之所傳聞也。所見六十一年，所聞八十五年。所傳聞九十六年。』此著於楚莊王篇者也。何謂異外內？曰：『內其國而外諸夏內諸夏而外夷狄。』此著於王道篇者也。雖無三科九旨之目，而後之言三科九旨者本焉。弟子遂者：蘭陵褚大，東平嬴公，廣川段仲，溫呂步舒。大至梁相，步舒丞相長史，惟嬴公守學不失師法；爲昭帝諫大夫，授東海孟卿，魯眭孟。孟名弘，以字行；少時好俠，鬥雞走馬；長乃變節，從嬴公受春秋，以明經爲議郎，至符節令。孝昭元鳳三年正月，泰山有大石自起立，昌邑有枯社木臥復生，上林有柳樹枯僵自起生，有蟲食柳葉成文字，曰『公孫病已立』。孟推春秋之意，以爲『石柳皆陰類，下民之象。泰山者，岱宗之嶽，王者易姓告代之處。今大石自立，僵柳復起，非人力所爲；此當有從匹夫爲天子者。枯社木復生，故廢之家公孫氏當復興者也。』孟意亦不知其所在，即說曰：「先師董仲舒有言：『雖有繼體守文之君，不害聖人之受命。』漢家堯後，有傳國之運。漢帝宜誰差天下，求索賢人，禪以帝位，而退自封百里，如殷周二王後，以承順天命。」書上，廷尉奏孟『祆言惑衆』，伏誅。後五年，皇曾孫病已興於民間，即位，爲孝宣帝，其言迺驗。徵孟子爲郎。孟弟子百餘人，惟東海嚴彭祖，魯顏安樂爲明，質問疑誼，各持所見。孟曰：「

春秋之意在二子矣！』孟死，彭祖安樂各顓門教授；由是公羊春秋有顏嚴之學。彭祖，字公子，爲宣帝博士，至太子太傅；著有春秋公羊傳十二卷，見隋書經籍志。然廉直不事權貴。或說曰：『君亡左右貴人之助，經誼雖高，不至宰相；願少自抑。』彭祖曰：『凡通經術，固當修行先王之道；何可委曲從俗，苟求富貴乎？』竟以太傅官終。授琅邪王中，爲元帝少府，家世傳業。中授同郡公孫文東門雲。雲爲荆州刺史，文東平太傅，徒衆尤盛。顏安樂字公孫，本眭孟姊子，與嚴彭祖並推孟高第弟子；家貧，爲學精力，有公羊顏氏記十一篇，見漢書藝文志；官至齊郡太守丞。授淮陽冷豐次君，淄川任公。公爲少府。豐淄川太守。由是顏家有冷任之學。始琅邪貢禹少翁事嬴公，成於眭孟，至御史大夫。蘭陵疏廣仲翁事孟卿，至太子太傅。而廣授琅邪筦路。路爲御史中丞。禹授潁川堂谿惠。惠授泰山冥都。都爲丞相史。都與路又事顏安樂。故顏氏復有筦冥之學。路授潁川孫寶子嚴，爲大司農。豐授東海馬宮游卿，琅邪左咸。宮至太師大司徒。而咸爲郡守九卿，徒衆尤盛。推而公羊春秋之盛，自董仲舒。武帝時，瑕丘江公之言穀梁春秋，與董仲舒並。仲舒通五經，能持論，善屬文；而江公之先受穀梁春秋及詩於魯申公，傳子至孫爲博士，然吶於口；上使與仲舒議，不如仲舒。而丞相公孫弘本爲公羊學，比輯其議；於是上因尊公羊家；詔太子受公羊春秋，由是公羊大興！太子既通，復私問穀梁而善之。其後寖微！惟魯榮廣王孫晧星公二人受焉。廣盡能傳其詩春秋高才捷敏，與公羊大師眭孟等論，數困之；故好學者頗復受穀梁。沛蔡千秋少君梁周慶幼君丁姓子孫皆從廣受。千秋又事晧星公，爲學最篤。宣帝卽位，聞衞太子好穀梁春秋，以問丞相韋賢長信少府夏侯勝及侍中樂陵侯史高皆魯人也；言：『穀梁子本魯學。公羊氏乃齊學也。宜興穀梁。』時千秋爲郎，召見，與公羊家並說。上善穀梁說，擢千秋爲諫大夫，給事中；後有過，左遷平陵令；復求能爲穀梁者莫及千秋！上愍其學且絕，迺以千秋爲郎中戶將，選郎十人從受。汝南尹更始翁君本自事千秋！能說矣！會千秋病死！徵江公孫爲博士。劉向以故諫大夫通達待詔受穀梁，欲令助之。江博士復死；迺徵周慶丁姓待詔保宮，使卒授十人。自元康中始講，至甘露元年，積十餘歲，皆明習；迺召五經名儒太子太傅蕭望之等大議殿中，平公羊穀梁同異，各以經處是非。時公羊博士嚴彭祖侍郎申輓伊推宋顯，穀梁議郎尹更始待詔劉向周慶丁姓並論，公羊家多不見從，願請內侍郎許廣使者亦並內穀梁家中郎王亥，各五人，議三十餘事。望之等十一人各以經誼對，多從穀梁；由是穀梁之學大盛！慶姓皆爲博士。姓至中山太傅，授楚申章昌曼君爲博士，至長沙太傅，徒衆尤盛。尹更始爲諫大夫長樂戶將，撰春秋穀梁傳十五卷，見隋書經籍志；又受左氏傳，取其變理合者以爲章句，傳子咸及汝南翟方進琅邪房鳳。鳳，字子元，哀帝時，累擢光祿大夫五官中郎將。時光祿勳王龔以外屬內卿，與奉車都尉劉歆共校書，三人皆侍中。歆白左氏春秋可立。哀帝納之，以問諸儒，皆謂『左氏爲不傳春秋，』不肯對。歆於是數見丞相孔光，爲言左氏以求助。光卒不肯。惟鳳龔許歆；遂共移書責讓太常博士。大司空師丹奏歆非毀先帝所立。三人皆出外補吏。而鳳補九江太守，至青州牧。始胡常事江博士。江博士死，迺與鳳俱事尹更始，授梁蕭秉君房，王莽時爲講學大夫，由是穀梁春秋有尹胡申章房氏之學。翟方進雖受穀梁於尹更始；然好左氏傳，其左氏則劉歆師也。左氏之學，自北平侯張蒼。蒼於秦時爲御史，歷秦至漢文帝時爲丞相，傳洛陽賈誼。誼爲左氏傳訓故，授趙人貫公，爲河間獻王博士。子長卿爲蕩陰令，授清河張禹長子。禹與蕭望之同時爲御史，數爲望之言左氏。望之善之，上書數以稱說。後望之爲太子太傅，薦禹於宣帝，徵待詔；未及問，會疾死：授尹更始。更始傳子咸及翟方進胡常。常授黎陽賈護季君，哀帝時，待詔爲郎，授蒼梧陳欽子佚，以左氏授王莽，至將軍。而劉歆從尹咸翟方進受。始歆嗣其父向領校中五經祕書，見古文春秋左氏傳，大好之。時丞相翟方進；而尹咸爲丞相史，以能治左氏，與歆校經傳。歆略從咸及翟方進受，質問大義。初左氏傳多古字古言，學者傳訓故而已！及歆治左氏，以爲：『左丘明好惡與聖人同；親見夫子；而公羊穀梁在七十子後，傳聞之與親見之，其詳略不同。』引傳文以解經，轉相發明，由是章句義理備焉！歆父子俱好古，博見彊志，呻吟左氏；下至婢僕，皆能諷誦，由是言春秋左氏傳者，本之劉歆。初春秋惟有公羊博士而已。至孝宣世，復立穀梁博士。哀帝時，歆旣以欲建立左氏春秋，黜外會哀帝崩，王莽持政，而歆親近用事，卒立左氏！左氏自荀卿至尹更始父子胡常翟方進輩，皆以名家，而亦兼治穀梁；非公羊齊學絕不相通者比也！旣，世祖中興，立五經博士；春秋嚴顏而已；皆公羊家也。而穀梁左氏不與。終東漢之世，而治穀梁有聞者，僅河南侯霸君房扶風賈逵景伯而已！霸於前漢哀帝時，事九江太守房鳳，治穀梁，爲都講。逵名輩差晚，然於五家，穀梁爲兼通，而實受其父徽左氏春秋爲古學者也。左氏雖終不得立學官；然與公羊代興。公羊嚴顏並立，嚴氏爲盛。而治顏氏有聞者，終東漢之世，僅河內張玄君夏豫章唐檀子產而已！然玄兼通數家，特以顏氏爲宗。世祖時，舉明經，補弘農文學遷陳倉縣丞，清淨無欲，專心經書；方其講問，乃不食終日；及有難者，輒爲張數家之說，令擇從所安。諸儒皆伏其多通！舉孝廉，除爲郎。會顏氏博士缺，玄試策第一，拜爲博士。居數月，諸生上言：『玄兼說嚴氏，不宜專爲顏氏博士！』乃罷。則兼說嚴氏者也。嚴氏學知名者；則有長沙太守汝南郅鄆君章，瑯邪太守河內李章第公，少府山陽丁恭子然，太常北海周澤稚都，太常陳留樓望次子，侍中瑯邪承宮少子，長水校尉南陽樊儵長魚，左中郎將汝南鍾興次文，太子少傅北海甄宇長文，海西令豫章陳曾秀文，侍中蜀郡張霸伯驍，霸子長陵令楷公超，潁川太守會稽顧奉。其間丁恭最爲老師。諸生自遠方至者著錄數千人；太常樓望，侍中承宮，左中郎將鍾興，長水校尉樊儵，皆受業於恭。而儵刪定公羊嚴氏章句，世號樊侯學；教授門徒前後三千餘人。其尤知名者張霸，以儵刪猶多繁辭，迺減定爲二十萬言，更名張氏學。諸生孫林段著劉固等慕之，各市宅所居之旁以就學焉。此治嚴氏春秋者也。有治公羊春秋而不名嚴顏何家者；則侍中扶風李育元春，博士羊弼，遼東屬國都尉北海公沙穆文乂，諫議大夫任城何休邵公；而何休最著。休爲人質朴訥口，而雅有心思；從羊弼學，覃思不闚門十有七年，撰成春秋公羊解詁十一卷；題曰『何休學』。有不解者，或答曰：『休謙辭受學於師，乃宣此義，不出於已也。』大指以爲『傳春秋者非一，本據亂而作，其中多非常異義可怪之論，而貫以五始三科九旨七等六輔二類之義。』五始者，元年春王正月公卽位也。卽位者，一國之始。政莫大於正始。故春秋以元之氣，正天之端；以天之端，正王之政；以王之政，正諸侯之卽位；以諸侯之卽位，正竟內之治。諸侯不上奉王之政，則不得卽位；故先言正月而後言卽位。政不由王出，則不得爲政；故先言王而後言正月也。王者不承天以制號令，則無法；故先言春而後言王。天不深正其元，則不能成其化；故先言元而後言春。五者同日並見，相須成體，乃天人之大本，萬物之所繫，不可不察也。三科九旨者；新周，故宋，以春秋當新王，此一科三旨也。所見異辭，所聞異辭，所傳聞異辭，二科六旨也。內其國，外諸侯；內諸侯而外夷狄；是三科九旨也。七等者；州國氏人名字子。州不若國，故言荆不如言楚。國不若氏，故言楚不如言潞氏甲氏。氏不若人，故言潞氏甲氏不如言楚人。人不若名，故言楚人不如言介葛盧。名不若氏，故言介葛盧不如言邾婁儀父。字不若子，故言邾婁儀父不如言楚子吳子。春秋設此七等以進退當時之諸侯。諸侯用夷禮則夷之，進於中國則中國之也。六輔者：公輔天子，卿輔公，大夫輔卿，士輔大夫，京師輔君，諸夏輔京師也。二類者：人事與災異也。此之謂五始三科九旨七等六輔二類。而三科九旨之於七等，表裏爲用，義最閎大。故曰：『於所傳聞之世，見治起於衰亂之中，用心尚麤觕；故內其國而外諸夏，先詳內而後治外。於所聞之世，見治升平，內諸夏而外夷狄。至所見之世，著治太平；夷狄進至於爵，天下遠近小大若一』。蓋攘夷狄者，所聞世之治也；若所見世，著治太平。哀四年『晉侯執戎曼子赤歸于楚。』十三年『公會晉侯及吳子於黃池。』夷狄進至于爵，與諸夏同，無外內之異矣！外內無異，則不必攘。遠近小大若一，且不忍攘！春秋心同天地，以天下爲一家，中國爲一人，必無因其種族不同而有歧視之意，而升平世不能不外夷狄者，其時世治尚未進於太平，夷狄亦未進於中國，引而內之，恐爲諸夏患；故夫子稱齊桓管仲之功，有披髮左衽之懼；以其救中國，攘夷狄，而特筆褒予之；爲夷狄之未進於中國也！雖然，特爲升平之世言之耳！匪太平之治也。言豈一端而已，夫各有所當也。撥亂之世，內其國而外諸夏。諸夏非可攘者，而亦必異外內；斯則隘狹之國家主義而言治之始爾，匪春秋之隆治矣！故董仲舒明言『自近者始』，『王化自近及遠。』由其國而諸夏而夷狄以漸進于天下，遠近小大若一；其義卽本諸董仲舒也。寧惟三科九旨而已。董仲舒春秋繁露重政篇云：『春秋變一謂之元。』何休之說隱元年以焉繁露二端篇云：『以元之深，正天之端，以天之端，正王者之政。』何休之明五始以焉繁露玉杯篇有『先質後文』之語，而何休遂謂『春秋變周之文，從殷之質。』如此之類，難以僕數，是則休之解詁，胥出董仲舒之指矣！休又以春秋駁漢事六百餘條，成春秋漢議十三卷，妙得公羊本意。初李育習公羊春秋，頗涉獵古學，嘗讀左氏傳，雖樂文采，然謂不得聖人深意；以爲前世陳元范升之徒更相非折，而多引圖讖，不據理體；於是作難左氏義四十一事。至是休與其師博士羊弼追述李育意以難二傳，作春秋公羊墨守十四卷，春秋左氏膏肓十卷，春秋穀梁廢疾三卷。然休之解詁公羊，亦有用左氏穀梁傳者；儻休膏肓左氏，廢疾穀梁；而義之所長，亦有不能不兼採並存者乎？考漢今古文家相攻擊，始于左氏公羊。而今古文家相攻若仇，亦惟左氏公羊爲甚！施孟梁邱京易之於費氏易，歐陽大小夏侯尚書之於古文尚書，齊魯韓詩之於毛詩，雖不並立；然未如公羊家之抨難左氏也。東漢之初，左氏雖不立博士，然爲當世貴重。執金吾封雍奴侯上谷寇恂子翼，征西大將軍封陽夏侯潁川馮異公孫，皆以名將學左氏春秋，然未名家！扶風孔奮君魚少從劉歆受春秋左氏傳。歆稱之，謂門人曰：『吾已從君魚受道矣！』世祖即位，拜爲武都太守。奮以弟奇經明當仕，上病去官。奇博通經典，作春秋左氏删。而奮晚有子嘉，官至城門校尉，作左氏說。然父子兄弟以爲家學；而未大顯於世！河南鄭興少戇少學公羊春秋，而好古學；於王莽時，將門人從劉歆講正左氏大義。歆美興才，使撰條例章句訓詁；而傳業子衆，字仲師，作春秋難記條例春秋删。世言左氏者多祖興父子；而賈逵自傳其父徽之業，由是左氏有鄭賈之學。賈徽亦從劉歆受左氏春秋，作左氏條例二十一篇。而蒼梧陳欽習左氏春秋，事黎陽賈護，與劉歆同時而別自名家，子元字長孫，少傳父業，爲之訓詁，銳精覃思，至不與鄉里通；世祖時與鄭興俱爲學者宗！時尚書令韓歆上疏，欲爲左氏立博士。博士范升謂『左氏學無有本師而多違異。』與歆爭，具奏左氏之失凡十四事。時難者以太史公多引左氏。升又上太史公違戾五經，謬孔子言及左氏春秋不可錄三十一事。元聞之，詣闕上疏曰：「左氏孤學少與，遂爲異家之所覆冒。臣元竊見博士范升等所議奏左氏春秋不可立及太史公違戾凡四十五事。案升等所言，前後相違；皆斷截小文，媟黷微辭；以年數小差，掇爲巨謬，遺脫纖微，指爲大尤。指瑕擿釁，掩其弘美。所謂『小辨破言，小言破道』者也！臣元愚鄙，嘗傳師言，如得以褐衣召見，俯伏庭下，誦孔子之正道，理丘明之宿寃。若辭不合經，事不稽古，退就重誅，雖死之日，生之年也！」書奏，下其議。范升復與元相辨難，凡十餘上，卒未得其要領，異日李育所謂『陳元范升更相非折，而多引圖讖，不據理體』者也！然而帝卒立左氏學，太常選博士四人，元爲第一。帝以元新忿爭，乃用其次司隸從事魏郡李封。於是諸儒以左氏之立，論議讙譁，自公卿以下，數廷爭之。會封病卒。世祖重違衆議，而因不復補！然世儒言左氏者不絕，特爲人主所重，扶風賈逵悉傳父業，弱冠能誦左氏傳及五經本文，尤明左氏傳國語，爲之解詁五十一篇；永平中，上疏獻之。

顯宗重其書，寫藏祕館。肅宗立，降意儒術，特好古文尚書左氏傳。詔逵入講北宮白虎觀南宮雲臺。帝善逵說，使出左氏傳大義長於二傳者。逵於是具條撰成春秋左氏長義二十卷，奏之；曰：『臣謹擿出左氏三十事尤著明者，斯皆君臣之正義，父子之紀綱；其餘同公羊者十有七八，或文簡小異，無害大體。至如祭仲紀季伍子胥叔術之屬，左氏義深於君父，公羊多任於權變；其相殊絕，固已甚遠。而寃抑積久，莫肯分明！臣以永平中上言左氏與圖讖合者，先帝不遺芻蕘，省納臣言，寫其傳詁，藏之祕書。建平中，侍中劉歆欲立左氏，不先暴論大義，而輕移太常，恃其義長，詆挫諸儒。諸儒內懷不服，相與排之；從是攻擊左氏，遂爲重讎！至光武皇帝奮獨見之明，興立左氏穀梁，會二家先師不曉圖讖，故令中道而廢。凡所以存先王之道者，要在安上理民也。今左氏崇君父，卑臣子，彊幹弱枝，勸善戒惡，至明至切，至直至順。且三代異物，損益隨時。故先帝博觀異家，各有所採。易有施孟，復立梁丘。尚書歐陽，復有大小夏侯。今三傳之異，亦猶是也。又五經家皆無以證圖讖明劉氏爲堯後者，而左氏獨有明文。五經家皆言顓頊代黃帝，而堯不得爲火德；左氏以爲少昊代黃帝，卽圖讖所謂帝宣也。如令堯不得爲火，則漢不得爲赤。其所發明，補益實多！』書奏。帝嘉之，賜布五百疋，衣一襲；令逵自選公羊嚴顏諸生高才者二十人，教以左氏，與簡紙經傳各一通。然逵之所爲稱引左氏義長者，特迂怪可笑，附托圖讖，獻媚世主以行其學耳！論者以爲脧其本也！然左氏由是行於世！八年，乃詔諸儒各選高才受左氏穀梁春秋；皆拜逵所選弟子及門生爲千乘王國郎，朝夕受業黃門署。學者皆欣欣羨慕焉！扶風馬融季長嘗欲訓左氏春秋；旣見逵及鄭衆所注，乃曰：『賈君精而不博，鄭君博而不精，旣精旣博，吾何加焉！』但著三傳異同說。北海鄭玄康成始事京兆第五元先，通公羊春秋；旣因涿郡盧植子幹事馬融，遂明左氏；乃發公羊墨守，鍼左氏膏肓，起穀梁廢疾，以致難於何休。又以休有春秋漢議，作書二卷駁之；隋書經籍志所著駁何氏漢議者是也。休見歎曰：『康成入吾室，操吾矛以伐我乎！』初中興之後，范升陳元李育賈逵之徒爭論古今學。及玄答何休，義據通深，由是古學遂明，公羊微而左氏興。玄作左氏傳注，未成，以與河南服虔子愼；作春秋左氏傳解誼三十一卷，亦以左傳駁何休之所駁漢事六十條，成春秋漢議駮二卷；又以何休重難左氏，撰春秋左氏膏肓釋痾十卷，春秋成長說九卷，春秋塞難三卷，斯亦鍼起何疾，申明左指者也。然左傳猶未置博士。會靈帝立太學石經，盧植乃上書請置博士，爲立學官；謂『與春秋共相表裏』也。陳國潁容子嚴者，博學多通，善春秋左氏，師事太尉楊賜。於獻帝初，避亂荊州，聚徒千餘人。劉表以爲武陵太守；不肯起，著春秋左氏條例五萬餘言。而同時南陽謝該文儀，亦以明春秋左氏爲世名儒，門徒數百千人。河東樂詳條左氏疑滯七十二事以問，該皆爲通解之，名爲謝氏釋，行於世。斯則東京左學之後勁也已！漢祚既衰，鼎分三國。言春秋者，魏有司徒東海王朗景興撰春秋左氏傳十二卷。而朗子太常肅字子雍，能傳父學，撰春秋左氏傳三十卷，春秋外傳章句一卷，注二十二卷。大司農弘農董遇季直撰春秋左氏傳章句三十卷，樂平太守糜信撰春秋說要十卷；春秋穀梁傳注十二卷，理何氏漢議二卷。中散大夫譙郡嵇康撰春秋左氏傳音三卷，大長秋韓益撰春秋三傳論十卷。而高貴鄉公以帝子窮經撰春秋左氏傳音三卷，斯稱儒林之盛事焉，蜀亡傳春秋者，吳則有騎都尉會稽虞翻仲翔撰春秋外傳國語注二十一卷。尚書僕射丹陽唐固子正撰春秋穀梁傳注十三卷，春秋外傳國語注二十一卷。中書侍郎雲陽韋昭宏嗣撰春秋外傳國語注二十一卷。春秋外傳國語者，傳云自左丘明；既爲春秋傳，又稽其逸文，纂其別號，分周魯齊晉鄭楚吳越八國事，起自周穆王，終於魯悼公，別爲國語二十一篇；亦曰外傳者，春秋以魯爲內，以諸國爲外，外國所傳之事也；其文以方內傳，或重出而小異。自鄭衆爲之解詁，而漢魏儒者並申以注釋，治其章句，此亦六經之流，三傳之亞也！然鄭衆解詁以下，諸家並亡。獨韋昭之注存！自序稱兼采鄭衆賈逵虞翻唐固。今考所引鄭說虞說，寥寥數條；惟賈唐二家，援據駁正爲多；凡所發正六十七事。而三國之言公羊者，僅見魏河南尹丞高唐劉寔子眞之撰春秋條例十一卷，春秋公羊達義三卷焉。晉武帝既禪魏祚；遂幷吳國，蓋鎭南大將軍京兆杜預元凱之謀爲多。預博學多通；立功之後，從容無事，乃耽思經籍，爲春秋左氏經傳集解，分經之年與傳之年相附，比其義類，特舉劉歆賈徽父子許淑潁容之違以見同異，大指以爲「古今言左氏春秋者多矣；獨劉子駿創通大義。賈景伯父子，許淑卿，皆先儒之美者也！末有潁子嚴者，雖淺近，亦復名家。其它可見者十數家，大體轉相祖述；於丘明之傳有所不通，皆沒而不說，而更膚引公羊穀梁，適足自亂！預今所以爲異，專修丘明之傳以釋經。經之條貫，必出於傳；傳之義例，總歸諸凡；其發凡以言例者五十，其別四十有九；皆經國之常制，周公之垂法，史書之舊章；仲尼從而修之，以成一經之通體；其微顯闡幽，裁成義類者，皆據舊例而發義，指行事以正褒貶，諸稱『書』『不書』『先書』『故書』『不言』『不稱』『書曰』之類，皆所以起新舊，發大義，謂之變例。然亦有史所不書，卽以爲義者；此蓋春秋新意；故傳不言凡，曲而暢之也。其經無義例，因行事而言，則傳直言其歸趣而已，非例也。故發傳之體有三，而爲例之情有五：一曰『微而顯』，文見於此，而起義在彼。稱族尊君命，舍族尊夫人，梁亡，城緣陵之類是也。二曰『志而晦』，約言示制，推以知例。參會不地，與謀曰及之類，是也。三曰『婉而成章』，曲從義訓，以示大順。諸所諱辟，璧假許田之類，是也。四曰『盡而不汙』，直書其事，具文見意，丹楹刻桷，天王求車，齊侯獻捷之類，是也。五曰『懲惡而勸善』，求名而亡，欲蓋而章。書齊豹盜，三叛人名之類，是也。推五體以尋經旨，簡二傳而去異端，蓋丘明之志也。」又別集諸例及地名譜第曆數，相與爲部，凡四十部十五卷，皆顯其異同，從而釋之，名曰釋例。又作盟會圖春秋長曆，備成一家之學。比老乃成，自云『有左傳癖。』然當時論者謂預文義質直，未之重！

獨祕書監長安摯虞仲洽賞之曰：『左丘明本爲春秋作傳；而左傳遂自孤行釋例本爲傳設；而所發明，何但左傳！』蓋左氏初行，學者不得其例，故傳會公羊以就其說；亦猶佛典初興，學者多以老莊皮傅。而預生諸儒後，始專以左氏凡例爲揭櫫，不復雜引二傳；此其所以來『左氏忠臣』之稱也！然後賢短預，或頗未同！究厥所以，條爲三事：蓋鄭注周禮，先引杜鄭；韋注國語，明徵賈唐；言必稱先，不敢掠美。預乃空舉劉賈許潁，而集解中不著其名；溷昔賢于己說，迹近乾沒。其失一也。預解不舉所出。劉與許潁之說盡亡。賈服二家，尚存厓略。預舉四家而不及服。其失二也。長於星曆地理，而吝於蟲魚鳥獸草木之名；又言地理，好爲肊說，未能揆度遠近，輒以影附今地。其說三也。且又棄經信傳，曲爲之說，或直謂是經誤。預自云『有左傳癖』若此之類，得不謂之癖歟！預之集解，與服虔並立國學；然預書盛行，而服義寖微！上黨續咸孝宗師事預，專春秋左氏，又有東平劉兆延世者與預同時，而治春秋不主墨守；以春秋一經而三家殊塗，乃思三家之異，合而通之；周禮有調人之官，作春秋調人七萬餘言，皆論其首尾，使大義無乖，時有不合者，舉其長義以通之。又爲春秋左氏解，名曰全綜公羊穀梁解詁，皆納經傳中朱書以別。而同時濟北氾毓稚春之撰春秋釋疑，亦合三傳爲之解注。二人書皆不傳，倘預之所謂『膚引公穀，適足自亂』者乎？既晉道中替，元帝踐阼江左，詔春秋左氏傳杜氏服氏博士各一人。其公羊穀梁省不置。太常荀崧以爲不可，乃上疏曰：『丘明書善禮，多膏腴美辭，張本繼末以發明經意，信多奇偉！然公羊高親受子夏，辭義清儁，斷決明審，董仲舒之所善也！穀梁赤師徒相傳，其書文清義約，諸所發明，或是左氏公羊所不載，亦足有所訂正。三傳雖同曰春秋，而發端異趣。此則義則戰爭之場，辭亦劍戟之鋒；於理不可得共博士；宜各置一人。』詔曰：『穀梁膚淺，不足置博士！它如奏。』會有兵事，而公羊亦不卒立！然終東晉之世，言公羊者，僅車騎將軍鄢陵庾翼稚恭問王愆期答之春秋公羊論二卷，著隋書經籍志而已！殆絕學矣！言穀梁者：則有廣陵太守魯國孔衍舒元之春秋穀梁傳十四卷，豫章太守范寧武子之春秋穀梁傳集解十二卷，春秋穀梁傳例一卷；饒騎將軍姑幕徐邈之春秋穀梁傳十二卷，春秋穀梁傳義十卷，答春秋穀梁義三卷；具著隋書經籍志，罕有見者！獨范寧之集解，獲傳於後焉！考寧之穀梁，本出家學，其父散騎常侍汪字玄平者，嘗率門生故吏兄弟子姪，研講六籍，次及三傳。左氏則有服杜之注，公羊則有何嚴之訓，而釋穀梁傳者雖近十家，皆膚淺末學，不經師匠，辭理典據，既無可觀；又引左氏公羊以解此傳，文義違反，斯害也已！於是商略名例，敷陳疑滯，博示諸儒同異之說。至寧撰次諸子，各記姓名，故曰集解。惟漢書藝文志載『公羊穀梁二家經十一卷，穀梁傳十一卷。』則經傳初亦別編；而寧集解乃分傳附經，併注之疑即寧之所合。中『公觀魚於棠』『葬桓王』『杞伯來逆叔姬之喪』『曹伯廬卒於師』『天王殺其弟佞夫』五事，皆冠以『傳曰』；惟『葬桓王』一事，與左傳合，餘皆不知所引何傳？疑寧分傳附經之時，皆冠以『傳曰』，如鄭玄王弼之易有『彖曰』『象曰』之例。傳義未安，多稱『未詳』；經指不通，直云『不達』，不望文而曲說，不墨守以護傳，多聞闕疑；蓋愼之也！晉書本傳稱『其義精審，爲世所重。既而徐邈復爲之注，世亦稱之。』是邈注在集解之後。今集解中乃多引邈注，未詳其故？所著春秋穀梁傳例一卷，今佚；然集解中時有『傳例曰』，或學者以便研討，而割裂其文，散附集解歟？然何休解詁，專主公羊。杜預集解，壹宗左氏。雖義有拘閡，必曲爲解說；蓋家法然也。獨范寧兼采三傳，不主穀梁；開唐啖趙陸之先，異漢儒專家之學，蓋經學至此一變。雖譏十家穀梁之引左氏公羊，違反文義；而指在擇善，多引杜預，此則述左家之義說穀梁之傳，已以譏人，而未自反者焉！杜預之玄孫曰坦，坦弟驥，於宋朝並爲青州刺史，傳其家業，故齊地多習左傳杜解。北朝自魏末河北大儒徐遵明子判門下講服解。平原張買奴河間馬敬德邢峙樂城張思伯渤海劉晝鮑季詳鮑長暄並得服氏之精。又有衞凱陳達潘叔虔雖不出徐氏之門，亦爲通解。又有姚文安秦道靜初亦學服氏，後更兼講杜預所注。其江左儒生俱服膺杜氏。大抵南北所爲章句好尙互有不同。河東崔靈恩徧習三傳，撰有左氏經傳義及條例，公羊穀梁文句義凡一百三十卷；而左傳先習服解；仕魏，爲太常博士，以天監十三年歸梁；而服解不爲江東所行；乃改說杜義，每文句常申服以難杜，遂著左氏條義以明之。時會稽虞僧誕爲國子助教，最精杜學，因作申杜難服以答靈恩。世並傳焉。杜解既行，而爲義疏者，則有梁國子博士武康沈文阿國衡，隋太學博士景城劉炫光伯暨蘇寬之屬。然沈氏長于義理例，疏于經傳。蘇氏則全不體本文，惟旁攻賈服。劉炫聰惠辨博，固爲罕儔；然意在矜伐，性好非毀，規杜氏之失凡一百七十餘事，習杜義而攻杜氏，或者比之蠹生于木而還食其木，非其理也！然覘二家差有可觀；所爲規杜有騁臆失據者，亦有愜心饜理者。既唐太宗御世，國子祭酒孔穎達奉詔撰春秋左傳正義，壹宗杜解，而疏則損益劉炫而以沈文阿補其闕漏。惟杜解既嫌强經就傳，而孔疏亦過申杜抑劉，於劉之致規於杜者，壹切以爲非是；斯又篤信專門之過！而與共參定者，則有四門博士楊士勛焉。士勛兼明穀梁，又爲范寧春秋穀梁傳集解作疏；其書不及穎達杜疏之賅洽。然諸儒言左傳者多，言公穀者少，既乏憑藉之資；而孔疏成于衆手，此則出于一人，復鮮佐助之力；詳略殊觀，固其宜也！惟范寧傳例全書已佚，散附集解而疏中所引，有稱『范氏略例』者，有稱『范例』者，有稱『范氏別例』者，凡二十餘條；皆在集解所附之外；其云別例者，蓋范氏注中已有例，而此別出故也。中如桓元年疏引范氏例云：『春秋上下無王者凡一百有八。……』莊二十二年夏雨大災疏引范例云：『災十有二，內則書日，外則書時。……』閔二年夏五月乙酉吉禘於莊公疏引范略例云：『祭祀例有九，皆書月以示譏』……如此之類，皆臚次其事以見義類，而已。蓋春秋無達例，但屬辭比事，臚列書法之同異，有可以心知其義者，則爲之說，其不可知者，則闕之而不爲曲說；斯可以推見范例之矜慎焉！士勛疏述之功，不可沒也。公羊傳自何休解詁以後，罕有爲之疏者；世傳徐彥，不知何代？其疏葬桓王條一，全襲用楊士勛穀梁傳疏，知在士勛之後；而疏文自設問答，文繁語複，或者故襲公羊之文體耶？惟左傳附經，始於杜預。穀梁附經，疑自范寧。而公羊傳附經，則不知始自何人？觀何休解詁，但釋傳而不釋經，與杜范異例，知漢末猶自別行。後世所傳漢石經殘字，公羊傳亦無經文；足以互證。今本以傳附經，或徐彥作疏之時所合併歟？自是春秋三傳之疏備！然春秋之學，至唐而疏通證明，集漢詁之大成；亦至唐而風氣獨開，導宋學之先路。肅代之世，有潤州丹陽縣主簿趙郡啖助叔佐者，明春秋，撰統例，務在考三傳得失，彌縫闕漏；故其論多異先儒。如謂：『左傳非丘明所作；獨詳周晉齊宋楚鄭之事，乃左氏得此數國之史以授門人；義則口傳，未形竹帛。後代學者乃演而通之，編次年月以爲傳記；又雜采各國諸卿家傳及卜書夢書占書縱橫小說；故序事雖多，釋經殊少；猶不若公羊穀梁之于經爲密。公羊穀梁初亦口授。公羊名高，穀梁名赤，未必是實。漢書丘明授魯曾申，申傳吳起，自起六傳至賈誼等說，亦皆附會。』又云：『春秋之文簡易。

先儒各守一傳，不肯相通，互相彈射，其弊滋甚。』自啖助之說出而風氣漸變。大抵啖助以前，學者皆專門名家，苟有不通，寧言經誤；其失也固陋！啖助以後，學者喜援經擊傳；其或未明，則憑私臆決；其失也穿鑿。助之學傳于洋州刺史河東趙匡伯循，給事中吳郡陸淳伯沖。淳因助統例，僅成六卷；遂與助之子曰異者裒錄遺文，增纂統例，請匡損益，成春秋集傳纂例十卷；又本褒貶之意更爲春秋微旨三卷，條別三傳，折衷啖趙，以朱墨記其勝否；又摭三傳之不入纂例者，駁正以啖趙之說，以明去取之意，成春秋集傳辨疑十卷。蓋啖助之學，至淳而發揮旁通也。然淳之闡發師說，亦有變本而加厲者！啖助以爲『左氏敍事雖多，解經意殊少；公穀傳經密於左氏；然左氏比餘傳其功最高，博采諸家敍事尤備；能令百代之下，頗見本末，因以求意，經文可知。』則亦未甚深非。至淳則直謂『左氏淺於公穀，誣謬實繁。』啖助以爲『左氏公羊穀梁，皆孔門後之門人。但公穀守經，左氏通史，其體異爾！惟三傳之義本皆口傳，左傳亦非丘明自作。』至淳則直謂『左氏非丘明。丘明，夫子以前賢人，如史佚遲任之流。焚書之後，學者見傳及國語，俱題左氏；遂引以爲丘明。然自古豈止一丘明姓左乎？且左傳國語，文體不倫，敍事多乖，定非一人所爲也。』此則闡發師說而變本加厲者也。然今世所傳合三傳爲一書者，實自淳之纂例始。淳本啖助之說，雜采三傳，以意去取，合爲此書；變專家爲通學，是春秋經學一大變。宋儒治春秋者皆此一派。如平陽孫復明復之撰春秋尊王發微十二卷；新喻劉敞原父之撰春秋權衡十七卷，春秋傳十五卷，春秋意林二卷，春秋傳說例一卷；高郵孫覺莘老之春秋經解十三卷；涪陵崔子方彥直之撰春秋經解十二卷，春秋本例二十卷，春秋例要一卷；吳縣葉夢得石林之撰春秋傳二十卷，春秋考十六卷，春秋讞二十二卷；壽州呂本中居仁之撰春秋集解三十卷；崇安胡安國康侯之撰春秋傳三十卷；鄞縣高閌抑崇之撰春秋集注四十卷；瑞安陳傅良君舉之撰春秋後傳十二卷；南安呂大圭圭叔之撰春秋或問二十卷，附春秋五論一卷；眉山家鉉翁則堂之撰春秋詳說三十卷；皆焯然名家，著有成書者。其中以孫復爲最先，劉敞爲最優，而胡安國爲最顯。孫復沿啖陸之餘波，幾於盡廢三傳。而劉敞則不盡從傳，亦不盡廢傳；進退諸說，往往依經立義，不似復之意爲斷制。此亦說貴徵實之一徵也。胡安國之撰春秋傳，自草創至於成書，初稾不留一字；其用意亦勤矣！顧其書作於南渡之後，故感激時事，往往借春秋以寓意，不必一一悉合於經旨；在宋儒春秋之書，名最高而品斯下焉！余考宋儒之說春秋者，蓋往往推衍啖陸之說。葉夢得曰：『左氏傳事不傳義，是以詳於史而事未必實；公羊穀梁傳義不傳事，是以詳於經而義未必當。』胡安國曰：『事莫備於左氏，例莫明於公羊，義莫精於穀梁。』朱子曰：『左氏是史學，公穀是經學。史學者記得事卻詳，於道理上便差。經學者於義理上有功，然記事多誤。』又曰：『左氏曾見國史，考事頗精，只是不知大義，專去小處理會，往往不曾講學。公穀考事甚疏，然義理卻精；二人乃是經生，傳得許多說話，往往不曾見國史。』呂大圭曰：『左氏熟於事，公穀深於理。蓋左氏曾見國史，而公穀乃經生也。』此推衍啖助『公穀守經，左氏通史』之說也。臨川王安石介甫有左氏解一卷，證左氏非丘明者十一事；今佚其書，不知十一事者何據？或問程子曰：『左氏是丘明否？』曰：『傳無丘明字，故不可考。』葉夢得撰春秋讞，據左傳末載『韓魏反而喪之』之語，謂『知伯亡時，左氏猶在，』斷以爲戰國時人。莆田鄭樵漁仲六經奧論云：『左氏終紀韓魏智伯之事，又舉趙襄子之謚。若以爲丘明？自獲麟至襄子卒已八十年矣；使丘明與孔子同時，不應孔子既沒七十有八年之後，丘明猶能著書。此左氏爲六國人，明驗一也。左氏『戰於麻隧，秦師敗績，獲不更女父。』又云：『秦庶長鮑庶長武帥師及晉師戰於櫟。』秦至孝公時，立賞級之爵，乃有不更庶長之號。明驗二也。左氏云：『虞不臘矣！』秦至惠王十二年初臘。明驗三也。左氏師承鄒衍之說而稱『帝王子孫。』齊威王時，鄒衍推五德終始之運。明驗四也。左氏言分星，皆準堪輿；按韓魏分晉之後，而堪輿十二次『始於趙分曰大梁』之語。明驗五也。左氏云：『左師展將以公乘馬而歸。』按三代時，有車戰，無騎兵；惟蘇秦合從六國，始有『車千乘，騎萬匹』之語。明驗六也。左氏序呂相絕秦，聲子說齊，其爲雄辨狙詐，眞遊說之士，捭闔之辭。明驗七也。左氏之書，序晉楚事，如『楚師熸，猶拾瀋』等語，則左氏爲楚人。明驗八也。據此八驗，知左氏爲六國時人，非丘明矣。」朱子亦謂「『虞不臘矣』爲秦人之語，」與鄭樵同。此推衍陸淳『左氏非丘明』之說也。惟重證驗，主事實，殆有勝於陸淳之懸想鑿空者焉！然宋自孫復之祖陸淳；人人以臆見說春秋，惡舊說之害己也，則舉三傳義例而廢之；又惡左氏所載證據分明，不能縱橫顚倒，惟所欲言也，則併舉左傳事蹟而廢之；譬諸治獄務燬纍牘之文，滅證佐之口，則是非曲直，乃可惟所斷而莫之爭也。獨眉山蘇轍子由撰春秋集傳十二卷，大意以世人多師孫復，不復信史；故簡別公穀，壹以左氏爲本；蓋二傳之意測者難信，而左氏之徵史者有據也。金華呂祖謙伯恭之學，於左傳最深；其發揮左傳者，則有春秋左氏傳說二十卷，續說十二卷，東萊左氏博議二十五卷。然據事抒論，意不在通經。福清林栗黄中撰春秋經傳集解三十三卷，則尤專主左氏而黜公穀。惟林栗指左傳之『君子曰』爲劉歆所加。而資州李石方丹著左氏君子例一卷，則以爲左傳有所謂君子曰者，蓋皆示後學以褒貶大法云。蒲江魏了翁鶴山節錄杜注孔疏，每條前爲標題，而系以先後次第，成春秋左傳要義三十一卷，其書於疏中日月名氏之曲說，煩重瑣屑者，多刊除不錄，而名物度數之間，則删繁舉要，本末粲然。蓋左氏之書，詳於典制；三代之文章禮樂，猶可以考見其大凡；其遠勝公穀寔在於此；了翁所輯，蓋庶乎得其要領者！丹稜程公說克齋則取春秋經傳，倣司馬遷書，爲年譜，名譜，曆法天文五行疆理禮樂征伐職官諸書，周魯齊宋晉楚以下大小國世本，成春秋分紀九十卷，條別件繫，附以序論。清儒顧棟高之春秋大事表大略仿焉。斯與魏了翁春秋左傳要義俱爲左學之津梁也。是皆刻意於左氏之書者；儻以厠於宋儒之間，殆所謂抗心獨往，而不囿於時論者耶！元仁宗延祐二年，定科舉經義經疑取士條格，春秋用三傳及胡安國傳。然祁門汪克寬德輔作春秋纂疏三十卷，一以安國爲主。而明成祖命行在翰林院學士胡廣等撰定春秋大全七十卷，即用克寬之胡傳纂疏爲藍本焉！自是胡傳行而三傳悉廢。儒者馴乃棄經不讀，惟以安國之傳爲主；明儒所謂經義者，實安國之傳義而已！故有明一代春秋之學爲最陋；而其端寔於元發之！此元明兩代之春秋學所爲卑之無甚高論者也！獨有可特筆者；元之二家，曰慶元程端學積齋。曰休寧趙汸子常。明之二家，曰長洲陸粲子餘。曰太倉傅遜士凱。四人者，主張不同，方法亦不同。程端學作春秋三傳辨疑二十卷，其書以攻駁三傳爲主；凡端學以爲可疑者，皆摘錄經文傳文而疏辨於下；大抵先存一必欲廢傳之心，而百計以求其瑕纇，求之不得，則以不可信一語概之。蓋不信三傳之說，創於啖助陸淳，逮宋析爲三派：有棄傳而不駁傳者；厥以孫復之春秋尊王發微爲最著。有駁三傳之義例者；厥以劉敞之春秋權衡爲最著。有駁三傳之典故者；厥以葉夢得之春秋讞爲最著。至於端學乃兼三派而用之；且併以左傳爲僞撰，推波助瀾，罔顧其安！而作春秋本義三十卷，則頗能糾正胡安國傳之失；而所采自三傳而下，凡一百七十六家，中多宋儒孫復以後之說，其書佚者十之九；則可謂集宋學之大成者矣！至其作春秋或問十卷，則歷舉諸家，各加抨擊；雖過疑三傳，未免乖方；至於宋代諸儒，一切深刻瑣碎之談，附會牽合之論，罔不併舉而摧陷焉！是蒐采宋學之總匯者端學；而廓清宋儒之矯誣者，亦端學也！至趙汸淹貫三傳，所撰春秋集傳十五卷，春秋屬辭十五卷，春秋左氏傳補注十卷，皆據傳求經，多由考證得之；不似程端學之好騁臆說。蓋汸之說春秋，以左氏傳爲主；注則宗杜預；左有不及者，以公羊穀梁二傳通之；杜所不及者，以陳傳良左傳章旨通之。其大旨謂：『杜偏於左。傳良偏於穀梁。若用陳之長以補杜之短，用公穀之是以救左傳之非，則兩者兼得；筆削義例，觸類貫通；傳注得失，辨釋悉當；不獨有補於杜解，爲功於左傳；卽聖人不言之旨，亦灼然可見。』因反復辨討，出入百家，究其得失，卽陳傳良章旨附於杜注之下，成春秋左氏傳補注；於杜注有未備者，頗采孔穎達之疏暢述之；蓋徵實之學，與虛騰高論者終有別也！惟趙汸譏陳傳良春秋後傳之貫通三傳，謂『公穀與左氏終是異師；』頗中其失！然漢尹更始之章句，晉劉兆之全綜，已開貫通三傳之先路；奚必獨繩陳傳良以苛論矣！陳傳良之書，獨存春秋後傳；左傳音旨，世則罕睹！而汸所采錄，寧祇補杜注之遺闕，抑足存陳書之梗概焉！至無錫邵寶國賢於明武宗時，著左觿一卷，頗發杜注之違；獨惜其寥寥無多！陸粲乃著左傳附注五卷以駁正杜注孔疏，暨陸德明之左傳釋文，旁采諸家，斷以已意，於訓詁家頗爲有裨。而傳遜著左傳屬事二十卷，則倣建安袁樞紀事本末之體，變編年爲屬事，事以題分，題以國分；更加考注以訂杜預之誤；又著左傳注解辨誤二卷，則會衆說以折衷之；杜注之誤，有未經辨議者，亦創以已意爲之釐革；斯則左氏之忠臣，杜注之諍友，而明儒之矯然特出者乎！清儒尊推漢學，與明儒異趣。然公羊垂絕復續，至晚清迺盛。而穀梁孤學，廑有傳者！獨左氏不絕於講誦。其無慙左氏之忠臣，杜注之諍友，而有光於前哲者；則有崑山顧炎武亭林之撰左傳杜解補正三卷；衡陽王夫之而農之撰春秋稗疏二卷；吳江朱鶴齡長孺之撰讀左日鈔十四卷；泰州陳厚耀泗源之撰春秋長曆十卷，春秋世族譜一卷；吳縣惠士奇天牧之撰半農春秋說十五卷；惠棟定宇之左傳補注六卷；吳江沈彤冠雲之撰春秋左氏傳小疏一卷；甘泉焦循理堂之撰春秋左傳補疏五卷；陽湖洪亮吉稚存之撰春秋左傳詁二十卷；錢唐梁履繩處素之撰左通補釋三十二卷；吳縣沈欽韓文起之撰春秋左氏傳補注十二卷；桐城馬宗璉魯陳之撰春秋左傳補注一卷；嘉興李貽德次白之撰春秋左傳賈服注輯述二十卷；皆能補苴罅漏，張皇幽眇，通賈服之說，發杜氏之違，於左氏書有所闡明，而焦循沈彤特斥杜預註左，以成同馬氏之篡弑，語有證佐，最推深識。然就左氏而論，猶爲掇拾細故，未究大體；獨無錫顧棟高震滄之撰春秋大事表五十卷，錯比全書，創意爲表；天文有時令表朔閏表長曆拾遺表天文表五行表；地理有列國疆域表列國犬牙相錯表列國都邑表列國山川表列國險要表城築表；國際有列國爵姓及存滅表齊楚爭盟表宋楚爭盟表晉楚爭盟表吳晉爭盟表齊晉爭盟表秦晉交兵表晉楚交兵表吳楚交兵表吳越交兵表齊魯交兵表魯邾莒交兵表宋鄭交兵表兵謀表四裔表齊紀鄭許宋曹吞滅表；內政有列國官制表刑賞表田賦軍旅表王迹拾遺表魯政下逮表晉中軍表楚令尹表宋執政表鄭執政表亂賊表；典禮有吉禮表凶禮表賓禮表軍禮表嘉禮表；人物有列國姓氏表卿大夫世系表人物表列女表；考文有三傳異同表，闕文表左傳引據詩書易三經表，杜註正譌表；凡百三十一篇，類聚區分，以列春秋大事，略與宋程公說之作春秋分紀同，然條理詳明，考證典核，較公說書寔爲過之！其辨論諸篇，引據博洽，議論精確，多發前人所未發；亦非公說所可及！信千古之絕作也！亦有體大思精，父子祖孫，家世相嬗，而莫殫其業者；則有如儀徵劉文淇孟瞻生於道光之世，研精古籍，貫串羣經，於左氏傳致力尤勤；嘗謂『左氏之義，爲杜注剝蝕已久；其稍可觀覽者，皆係襲取舊說。』發凡創例，撰左傳舊注疏證；先取賈服鄭三君之注，疏通證明；凡杜氏所排擊者糾正之；所勦襲者表明之；其沿用韋氏國語注者，亦一一疏記；他如許愼五經異義所載左氏說，皆本左氏先師；說文所引左傳，亦是古文家說；漢書五行志所載劉子駿說，實左氏一家之學；又如經疏史注及御覽等書所引左傳注，不載姓名，而與杜注異者，亦是賈服舊說；凡若此者，皆稱爲舊注而加以疏證；其顧惠注補及洪亮吉沈彤焦循等人專釋左氏之書，以及錢戴段王諸家詁訓，說有可采，咸與登列，末始下以己意，定其從違，上稽先秦諸子，下考唐以前史書，旁及雜家筆記文集，皆取爲證佐，期於實事求是，俾左氏之大義，炳然復明；草創四十年，長編已具，然後依次排比成書；顧未及寫定而卒！其子毓崧伯山繼之；會天下大亂，年五十卒，迄未成書！其子壽曾恭甫又繼之，亦以天死；厪卒襄公！三世一經，齎志踵歿，滋可哀也！清祚垂衰，樸學亦絕！經生矯厲，斯稱章劉。劉師培申叔者，劉文淇之曾孫，而壽曾之猶子也；少承先業，以春秋三傳同主詮經，左傳爲書說尤賅備；審其義例，或經無傳著，或經略傳詳；以傳勘經，知筆削所昭，類存微恉。漢儒說左氏，據本傳以明經義，凡經字相同，卽爲同恉。又引月冠事，明經有繫月不繫月之分，創獲實多，亦較二傳爲密！爰闡厥科條，舉同詞同指，同詞異實，褒貶互見，錯文見異，變文爲例，文實殊指，內外異詞，時日月例，成春秋左傳例略一書。餘杭章炳麟太炎與師培驩好，亦治左學，以爲左氏古義最微，非極引周秦西漢先師之說，則其術不崇；非極爲論難辨析，則其義不明；故以淺露分別之詞，申深迂優雅之旨，發疑正讀，成春秋左傳讀一書。又據桓譚新論，謂劉向以穀梁名家，而亦呻吟左氏；說苑新序列女傳中所舉左氏事義六七十條，其間一字偶易，正可見古文左傳不同今本；而子政之改易古文，代以訓詁者，亦皆可覩；蓋字與今異者，則可見河間古文；訓與今異者，則本之賈生訓故；抽繹古義，次第其文，成劉子政左氏說，以糾漢書稱歆治左氏，向不能非間，猶自持穀梁義之違謬。斯可謂輓近左學之後勁者矣！穀梁與左氏同出魯學；然穀梁自昔孤微！清中葉以後稍振。其著書立說，差自名家者，則有海州許桂林同叔之穀梁釋例四卷；番禺侯康君謨之穀梁禮證二卷；丹徒柳興恩賓叔之穀梁大義述七卷；嘉善鍾文烝朝美之穀梁補注二十四卷。而柳興恩之治穀梁，專從善於經入手而善經則以述辭比事爲據；事與辭，則以春秋日月等名例定之；扶翼孤經，於穀梁家爲有條貫云！公羊與左氏義相反對，與穀梁亦非同趣。而曲阜孔廣森撝約撰春秋公羊通義十一卷，兼援左穀，未明家法；又其三科九旨，不遵何氏，而別立時日月爲天道科，譏貶絕爲王法科，尊親賢爲人情科；如是則以日月名字爲褒貶，公羊與穀梁何異？言公羊學者不重之！然清儒之言公羊者，蓋自廣森開其端。而武進莊存與方耕著春秋正辭九卷，宏發公羊，刊落訓詁名物之末，而專求所謂微言大義者。其同縣外孫劉逢祿申受繼之，昌衍其緒，以正孔廣森；以爲「無三科九旨，則無公羊。無公羊，則無春秋。春秋因魯史以明王法，改周制而俟後聖，猶六書之叚借，說詩之斷章取義；

故雖以齊襄楚靈之無道，祭仲石曼姑叔術之嫌疑，皆假之以明討賊復仇讓國之義，事實不予而文予。左氏詳於事；而春秋重義不重事。左氏不言例；而春秋有例，無達例。惟其不重事，故存十一於千百，所不書多於所書。惟其無達例，故有貴賤不嫌同號，美惡不嫌同辭，以爲待貶絕不待貶絕之分，以寓一見不再見之義。春秋立百王之法，豈爲一人一事設哉！故曰『於所見微其辭，於所聞痛其禍，於所傳聞殺其恩。』此一義也。穀梁氏所不及知也！『於所傳聞世見撥亂致治，於所聞世見治升平，於所見世見太平。』此又一義也，卽治公羊者亦或未之信也！」於是尋其條貫，正其統紀，爲公羊春秋何氏釋例三十篇，凡何氏所謂『非常異義可怪之論』，如『張三世』『通三統』『絀周王魯』『受命改制』諸義，次第歸納而爲之敷暢；以微言大義刺譏褒諱挹損之文辭，洞然推極屬辭比事之道，又成箋說答難決獄等凡十一書；蓋自漢以來之言公羊者，莫之逮也！江都凌曙曉樓者，精熟鄭氏禮，能通其要。旣聞劉逢祿論何氏春秋；大好之！深念春秋之義，存於公羊；而公羊之學，傳自董子。董子春秋繁露原天以尊禮，援比以貫類，旨奧詞賾，莫得其會通；乃博稽旁討，承意儀志，梳其章，櫛其句，爲注十七卷；又不慊于徐彥之公羊疏，欲改爲之而未暇；成公羊禮疏十一卷，公羊禮說一卷，公羊問答一卷。句容陳立卓人，從曙學，兼習公羊春秋鄭氏禮；而於公羊用力尤深，鈎稽貫串；自漢儒治公羊家言者董仲舒司馬遷以下逮清儒孔撝約莊存與劉逢祿諸家，悉加董討而裁以己意；其禮制則折衷師說而竺宗鄭氏；撰成春秋公羊傳義疏七十六卷；而於何氏有引申，無違異；蓋嚴守疏不破注之例也。斯亦何氏之悌弟，而公羊之忠臣矣！然世儒之學左氏者，必絀公羊；學公羊者，亦絀左氏。劉逢祿論左氏書，據史記本名左氏春秋，若晏子春秋呂氏春秋比。自王莽時，國師劉歆增設條例，推衍事迹，强以爲傳春秋，冀奪公羊博士師法。所當以春秋歸之春秋，左氏歸之左氏，而刪其書法凡例及論斷之繆于大義孤章斷句之依附經文者；庶以存左氏之本眞，俾攻左者不得爲口實！成左氏春秋考證二卷。自唐以來，難左諸家，蓋未有詳考博辨如劉氏此書者也。論者以比尚書之太原閻若璩尚書古文疏證一書焉！顧近儒章炳麟則訶爲摘發同異，比盜憎主人，蓋嘗駁難其說，累三萬言以弁于春秋左傳讀之編首。而南海康有爲長素著新學僞經考，則又謂『春秋左氏傳暨周禮逸禮及詩之毛傳，凡西漢末劉歆所力爭立博士者，皆劉歆僞作以成新莽篡漢之計者也。』『新學』者，謂『新莽之學』。蓋幷擯春秋左氏傳諸書于漢學之外，殆視劉逢祿之說爲尤甚！而有爲尤敢爲非常異義可怪之論，托改制以言變法，張三世以說進化；著有春秋董氏學孔子改制考等書，而定春秋爲孔子改制創作之書。謂『文字不過其符號，如電報之密碼，如樂譜之音符，非口授不能明；又不惟春秋而已；凡六經皆孔子所作。昔人言孔子删述者誤也。孔子蓋自立一宗旨而憑之以進退古人，去取古籍。孔子改制，恆托于古。堯舜者孔子所托也；其人有無不可知，卽有亦至尋常。經典中堯舜之盛德大業，皆孔子理想上所構成也。又不惟孔子而已；周秦諸子，罔不改制，罔不托古；老子之托黃帝，墨子之托大禹，許行之托神農，是也。』雖然，近儒祖述何休以言公羊者，如劉逢祿陳立之倫，皆言改制；而有爲之說實有不同尋常者；蓋有爲所謂『改制』者，卽『政治革命』『社會進化』之意也；故喜言『通三統』。『三統』者，謂夏商周三代不同，當隨時因革也。喜言『張三世』。『三世』謂據亂世，升平世，太平世，愈改而愈進也。旣以授弟子新會梁啓超任公。師弟子喁，蘄實見諸行事，而有戊戌之政變；功雖不成，衆論歸高。一時士夫之騖變法維新者，益憙言公羊矣！然章炳麟專攻左氏而無害于言革命。謂「賈逵言『左氏義深君父，』此與公羊反對之詞耳！若夫稱國弒君，明其無道；則不得以『義深君父』爲解。杜預于此，最爲閎通。而近世焦循、沈彤輩，多謂預借此以助司馬昭之弒高貴鄉公；則所謂『焦明已翔乎寥廓，弋者猶視乎藪澤』也！」善化皮錫瑞鹿門，作春秋通論，揚摧三傳，而歸重于公羊；據孟子『孔子作春秋而亂臣賊子懼』之說，謂「春秋大義，在誅討亂賊；而左氏『弒君稱君，君無道』之例，揆之春秋大義有乖。杜預奸言誣聖，曲暢其說；」持論又殊章氏。則是以志行之不同而判從違；寧必所學之殊耶！箸春秋志第六。

小學志第七

上古結繩而治。書契者，蓋作於黃帝之史倉頡，覽鳥獸蹏迒之迹，依類象形，故謂之文；其後形聲相益，卽謂之字。文者，物象之本；字者，孳乳而寖多也。故獨體爲文，合體爲字。著於竹帛謂之書；書者，如也。書之體用有六：一曰指事。指事者，視而可識，察而見意；𠄞𠄟是也。二曰象形。象形者，書成其物，隨體詰屈；日月是也。三曰形聲。形聲者，以事爲名，取譬相成；江河是也。四曰會意。會意者，比類合誼，以見指撝；武信是也。五曰轉注。轉注者，建類一首，同意相受；考、老是也。六曰假借。假借者，本無其字，依聲托事；令長是也。謂之六書。其中指事象形二者，皆獨體之文也；形聲會意二者，則合體之字也。惟會意兩體皆主義；而形聲則一體主義，一體主聲兼義。四者，字之體也。至轉注之建類一首，殆形制之歸納法；而假借之依聲托事，則聲義之演繹法。二者，字之所由孳乳，充類至盡，而廣字之用者也。然則六書之作，權輿於文，孳乳於字，而字之孳乳，蓋形聲相配盡之矣。以形爲經，以聲爲緯，而天下之物盡。以聲爲經，以形爲緯，而天下之義備。物不能逃乎形。義弗能離於聲。形歸類而建部首。聲各義而从某聲。父之詔子，師之詔弟，若先授以部首，使知天下之共名，則明孳乳之字以類分。如知水字則江河湖海知爲水類知木字則桃杏梅李知爲木類授以某聲，使知天下之音義，則从某聲之字以音比。如娶从取聲爲取女義衷从中聲爲中衣之義察其形聲相配，而字之名義，罔不瞭然心目間；故識一物而衆物明，通一聲而衆聲會也。然則六書之孳乳，不外形聲相配。而一切文字之體用，要歸六書。古者八歲入小學，故周官保氏掌養國子，教之六書；謂指事，象形，形聲，會意，轉注，假借也。漢興，蕭何造律，亦著其法。曰：『太史試學童，能諷書九千字以上，乃得爲史。』自是稱書學爲小學也。夫六經孔孟之書以載道；所以明道者辭也；所以成辭者字也；學者當由字以通其辭，由辭以通其道。宋儒譏訓詁之學而輕語言文字，是猶渡江河而棄舟楫也！然則小學者，經學之委也。故以殿於篇。惟漢以後儒者之言小學，有言形制者，有言聲韻者，有盡形聲之用而言訓詁者。而形制爲之基。

我聞在昔，倉頡帝史，肇興文字，鳥迹獸迒，厥名古文。繼以蟲魚，古古相積；五帝三王之世，改易殊體；封於泰山者七十有二代，靡有同焉。及周宣王太史籀著大篆十五篇所稱史籀篇者，周時史官教學童書也；與古文或異。至孔子書六經，左丘明述春秋傳，皆以古文。其後諸侯力政，不統於王，惡禮樂之害已而皆去其籍，言語異聲，文字異形。秦始皇帝初兼天下，丞相李斯乃奏同之，罷不與秦文合者，作倉頡篇七章；中車府令趙高作爰歷篇六章；太史令胡毋敬作博學篇七章，皆取史籀大篆或頗省改；所謂小篆者也。是時始建隸書矣！起於官獄多事，删古立隸，苟趨省易，施之於徒隸，作之自程邈也。漢興，閭里書師，合倉頡爰曆博學三篇，斷六十字以爲一章，凡五十五章，幷爲倉頡篇。武帝時，司馬相如作凡將篇，無復字。元帝時，黃門令史游作急就篇；成帝時，將作大匠李長作元尙篇；皆倉頡中正字也。凡將則頗有出矣。至平帝元始五年，徵天下通小學者沛人爰禮等以百數，各令記字於未央庭中。黃門侍郞蜀郡揚雄子雲取其有用者以作訓纂篇，順續倉頡，又易倉頡中重復之字，凡八十九章五千三百四十字。惟倉頡多古字，俗師失其讀；宣帝時徵齊人能通倉頡讀者，河東張敞子高從受之，傳至外孫涼州刺史魏郡杜業子夏之子曰林伯山者，爲作倉頡訓纂倉頡故各一篇；具載漢書藝文志。獨史游急就篇傳，凡四卷三十四章，其字略以類從而不立門目；解散隸體，以所變章草法書之。至東漢，扶風班固孟堅續揚雄訓纂作十三章，無復字。揚雄訓纂終于滂熹二字。和帝時，郎中賈魴又用此二字爲篇目，續成滂熹篇而終于彥均二字；合倉頡訓纂稱曰三倉，凡百二十三章，七千三百八十字；六藝羣書所載略備矣！然自史游以下，咸以李斯倉頡篇爲本。安帝之世，大尉南閣祭酒汝南許愼叔重以爲漢代暴秦承用隸體，卽大篆亦將廢棄，何論古文！故因當時之體，采通人之言，溯古籀之迹，作說文解字；其意蓋尙書載堯以來，史記托始五帝之義；而以秦漢小篆爲主，則荀卿子法後王之義，取其適于時用也；凡十四篇，合目錄一篇爲十五篇，分五百四十部，爲文九千三百五十三，重文一千一百六十三，注十三萬三千四百四十一字；其建首也立一爲耑，聚類羣分，共理相貫，雜而不越；據形系聯，引而申之，以究萬原，畢終于亥；後世之言小學者宗焉。北海鄭元康成注三禮，各引說文一事。獻帝時，扶風曹喜仲則，潁川邯鄲淳子叔，京兆韋誕仲將，河東衞覬伯儒，皆以篆法授受。而覬好古文，鳥篆草隸，無所不善。淳善倉雅蟲篆許氏字指。魏初傳古文者，出于邯鄲淳。魏又有淸河張揖稚讓作埤倉三卷，古今字詁三卷，難字錯誤字各一卷；掖庭右丞周氏作雜字解詁四卷；周成作解文字七卷；曹侯彥作古今字苑十卷；蜀有太子中庶子郭顯卿作古今字苑十卷；具見隋書經籍志。方之許書，古今體用，或得或失。而吳之好說文者，稱彭城嚴畯曼才焉。既晉代魏，禪衞覬之孫曰恆巨山者，善草隸書，能世其學；撰四體書勢一卷，最爲人傳誦。而東萊惤令呂忱則表上字林六卷以補許愼說文書所闕遺，其中有說文本無而增補者；有說文本有而字各異體者，然于許氏部敍，初無移徙。蕭梁之世，黃門侍郎兼太學博士吳郡顧野王希馮者，于篆隸奇字，無所不通；乃因說文造玉篇三十卷，其部敍既有所增降損益，其文又增多於字林；唐六典載書學博士以石經說文字林敎士。字林之學，閱晉宋齊梁陳，至唐極盛；論者以爲說文之亞。今字書傳世者，莫古於說文玉篇；而字林實承說文之緒，開玉篇之先者也。北朝魏符節令陳留江式法安亦依許氏說文爲本，撰古今文字四十卷，大體以許氏書爲主，及梅傳孔氏尚書五經音注籀篇爾雅三倉凡將方言通俗文祖文宗埤倉廣雅古今字詁三字石經字林韻集諸賦文字有六書之誼者，以類編聯；文無複重，統爲一部；其古籀奇惑俗隸諸體，咸使班於篆下，各有區別；訓詁假借之誼，隨文而解；可謂有造於許氏者也！至唐肅宗時，處士富春孫强復修顧野王玉篇，愈多增其文；世行之玉篇本，蓋非野王之舊，而强所修也。然許愼專爲篆學，而野王雜於隸書；用世旣久，故篆學愈微。野王雖曰推本許愼，而追逐世好，頗改愼舊。自强以下，固無譏焉！代宗之世，趙郡李陽冰少溫獨擅篆學，與秦丞相李斯齊名，時稱中興。蓋唐以說文立博士，習之者多；而陽冰尤精也；更刊定說文，仍祖許愼；然頗出私意，詆訶於愼。學者恨之！其後譚小學者：宋則有洛陽郭忠恕恕先之汗簡佩觿，湖州張有謙中之復古篇；元則有永嘉戴侗仲達之六書故，兗州楊桓武子之六書統，饒州周伯琦伯溫之說文字原，六書正譌；明則有餘姚趙撝謙古則之六書本義，衢州葉秉敬敬君之字變；其大旨皆不違於許氏。其間傳述之功，則以南唐二徐爲最。二徐者，蓋廣陵徐鉉鼎臣，徐鍇楚金兄弟。鍇撰說文繫傳凡八篇四十卷；首通釋三十卷，以許愼說文解字十五篇篇析爲二；凡鍇所發明及徵引經傳者，悉加『臣鍇曰』『臣鍇案』字以別之；繼以部敍二卷，通論三卷，祛妄，類聚，錯綜，疑義系述各一卷，祛妄斥李陽冰臆說，疑義舉說文偏旁所有而闕其字者，又篆體筆畫相承小異者；部敍擬易序卦傳以明說文五百四十部先後之次；類聚則舉字之相比爲義者，如一二三四之類；錯綜則旁推六書之旨，通諸人事以盡其意；終以系述，則猶史記之自敍，名之曰繫傳者，蓋尊許氏書若經也。鍇又苦許氏書偏旁奥密，不可意知，因令鍇以切韵譜其四聲，取便檢閱，而鉉爲鍇篆之名曰說文解字篆韵譜，凡五卷；小篆皆有音訓，無音訓者，則愼書所附之重文注史字者籀書，注古字者古文也；所注頗爲簡略，蓋六書之義，已具繫傳耳。繫傳書成未布而南唐亡；鍇亦卒。鉉入宋爲太子率更，以太宗雍熙三年奉詔與句中立葛湍王惟恭等刊定說文；其字爲說文注義序例所載而諸部不見者，悉爲補錄；又有經典相承，時俗要用，而說文不載者，亦皆增加；別題之曰新附字；其本有正體而俗書訛變者，則辨於注中；其違戾六書者，則別列卷末；或註義未備，更爲補釋，亦題『臣鉉等案』以別之；音切則一以孫愐唐韵爲定；以篇帙繁重，每卷各分上下；後世所行毛晉刊本是也。自是鉉之校理，鍇之繫傳，胥爲後世治許氏學者所宗，謂之大徐小徐是也。郭忠恕撰汗簡四卷，與大小徐同時；其分部分隸諸字，用古文之偏旁而從說文之舊；徵引古文七十一家，時薛尙功等之書未出，故鐘鼎闕焉。然後之談古文者，輒轉援據，大抵從此書相販鬻，則忠恕所編，實爲諸書之根柢，未可忘所自來矣！至据三代鐘鼎彝器以考古文者，蓋自錢唐薛尙功用敏撰歷代鐘鼎彝器款識始也。元明以來，說文之學漸微，則語錄性理間之也。不墜前型，差强人意者；惟周伯奇戴侗葉秉敬諸家耳。餘等自鄶無譏焉。獨淸儒武進臧禮堂和貴之著說文引經考，烏程嚴可均景文之著說文天算考說文聲類，皆有專門獨到之功。陽湖孫星衍淵如考魏三體石經殘字，校倉頡篇，皆以說文解字爲根據。而金壇段玉裁懋堂積數十年之力，治說文解字，尤爲有功許氏！以徐鉉校本頗有更易，不若鍇爲不失許氏之舊；顧其中尙有爲後人竄改者，漏落者，失其次者，一一考而復之，作長編，名曰說文解字讀，悉有佐證，不同肊說，詳稽博辨；旣而簡練成注，仍鉉校，分三十卷；大致謂：「說文五百四十部，次第以形相聯。每部之中次第以義相屬。每字之下，兼說其古義古形古音；訓釋者，古義也；象某形，從某某聲者，古形也；云某聲，云讀若某者，古音也；三者合而一篆乃完也。其引經傳，有引以說古義者，以轉注假借分觀之；如虞書曰：『至於岱宗，柴，』詩曰：『祝祭於鬃，』說字之本義也。如商書曰：『無有作𢽾，』周書曰：『布重莧席，』說假借此字之義也。有引以說古形者；如易曰：『百穀草木麗於地，』說䕻從草麗之意。易曰：『豐其屋，』說豐從宀豐之意。易曰：『突如其來如，』說𠫓從倒子之意；是也。有引以說古音者；如奯讀若詩『施罟濊濊，』𡘋讀若『予違汝弼，』是也。學者以其說求之，斯說文無不可通之處；斯經傳無不可通之處矣！』自以為揆諸經義，例以許書；以字考經，以經考字，昭然若發蒙也。時元和江艮庭聲者，生平服膺許氏，不為行楷者數十年，凡尺牘卒皆依說文書之，為說文解字考證；既見玉裁之注，多自符合，歎服輟稿焉！故其書精實通博，非前之傳說文者可及！惟吳縣鈕樹玉非石作段氏說文注訂，訂其義例；鄒伯奇有讀段注說文札記，糾其牴牾；而段氏之書，終為治說文者所不廢也！樹玉著有說文解字校記三十卷，說文新附考七卷。曲阜桂未谷馥謂『訓詁不明，不足以通經；』日取說文與諸經之義相疏證，為說文辨字義證五十卷；然徵引羣書，不加斷制；或有類書之譏！安邱王筠貫山著有說文釋例二十卷，蓋即許氏書而釋其條例，其目：曰六書統說，曰指事，曰象形，曰形聲，曰亦聲，曰一全一省，曰兩借，曰以雙聲字為聲，曰一字數音，曰形聲之失，曰會意，曰轉注，曰假借，曰彰飾，曰籀文好重疊，曰或體，曰俗體，曰同部重文，曰異部重文，曰分別文累增字，曰疊文同異，曰體同音義異，曰互從，曰展轉相從，曰母從子，曰說文與經典互易字，曰列文次第，曰列文變例，曰說解正例，曰說解變例，曰一曰，曰非字者不出於說解，曰同意，曰闕，曰讀若直指，曰讀若本義，曰讀闕，曰讀若引經，曰讀若引諺，曰聲讀同字，曰雙聲疊韻，曰挩文，曰衍文，曰誤字，曰補篆，曰刪篆，曰迻篆，曰改篆，曰觀文，曰糾徐，曰鈔存，曰存疑；其自指事至列文變例皆論篆籀；自說解正例至雙聲疊韻皆論說解；自挩文至末則皆臆說；而存疑則訂許氏之誤，兼訂段玉裁注之誤，雖例目失之繁多，論說或有穿鑿，然條舉許氏書所稱引而部分之，便於學者。惟許氏書雖明形體，而於形聲訓詁間亦述及；然以詮明本義為宗，羣書中文字義訓之不合於說文者，多屬通假，段玉裁注乃由通假以推求本字，猶未宣究；至元和朱駿聲豐芑撰說文通訓定聲十八卷，更暢發之。但駿聲僅求之於同韻，而晻於雙聲相藉，又不明旁轉對轉之條牣，有補苴猶不免於嫥斷。近儒儀徵劉師培申叔撰古本字考，餘杭章炳麟太炎撰小學答問，乃於許氏書本字藉字流變之迹，甄明益衆！炳麟又讀許氏書敍稱：『倉頡作書，依類象形；其後形聲相益，即謂之字；文者物象之本，字者言孳乳寖多』，以為『獨體者，倉頡之文；合體者，後王之字；古文大篆雖殘缺；倉頡之文，固悉在許氏書也。』於是刺取許氏書獨體，命以初文；其諸省變及合體象形指事，與聲具而形殘，若同體複重者，謂之準初文；都五百十字，集爲四百三十七條，討其類物，比其聲均，音義相讎，謂之變易；義自音衍，謂之孳乳；比而次之，得五六千名，撰成文始九卷；所以明形體聲類之更相扶胥，異於偏觭之議。若夫囟巛同語，囧櫎一文，天卽爲顚，語本於囟，臣卽爲牽，義通於玄，屮出耑壬，同種而禪，丮巨夂互，連理而發；斯蓋先哲之所未諭，炳麟之所獨曉也！自是學者道原窮流，讀劉師培古本字考及炳麟小學答問，而本字藉字之流變明。次讀炳麟文始，而文字之流變亦明。小學之條例至炳麟益精切；而小學之境宇亦至炳麟斯恢宏焉。惟自宋儒薛尚功諸人而後，治小學者意据三代鐘鼎彝器款識以考證古文；乃云『李斯作篆，已多承誤；叔重沿而不治。』至欲改易經記。獨炳麟證爲未然，而著意於文始敍例，以爲『古文自漢時所見，獨孔子壁中書。更王莽赤眉喪亂，至於建武，史篇亦十亡三四。說文徒以秦篆苴合古籀，非不欲備，勢不可也。然倉頡爰歷博學三篇，財三千三百字。凡將訓纂繼之，縱不增倍，已軼出秦篆外。蓋古籀及六國時書，駸駸復出，而班固尤好古文，作十三章，网羅成周之文及諸山川鼎彝蓋衆。說文最字九千，視秦篆三之矣！此則古籀懋遺，其梗概具在說文；猶有不備，禮經古文周官故書，三體石經隨倉石鼓之倫，亦足裨補一二。自宋以降，地藏所發，眞僞交糅，數器相應，足以保任不疑，即暫見一二器者，宜在蓋闕，雖攟摭不具，則無傷於故訓也。若乃熒眩奇字，不審譬言之符，譬之瘖聾，蓋何足選。』斯誠矯枉救敝之論。然殷虛甲骨文字出土清季，而考古文者，別得徑塗，珍如球璧焉！蓋殷商文字，昔人惟於三代鐘鼎彝器間見之；然其數頗少。至光緒時，河南安陽縣西北五里之小屯，洹水厓岸爲水齧，有龜甲牛骨出土，上鐫古文字；以其地三周環洹水，蓋史記項羽本紀所稱『洹水南，殷虛上』者。或者遂定爲殷商文字云。有估客攜千餘片至京師，爲福山王懿榮連孫所得。會拳禍作，懿榮被殺，其所藏悉歸丹徒劉鶚鐵雲：而洹水之虛土人於農隙掘地，歲皆有得，亦歸於鶚；都鶚先後得四千五百餘片焉。然論殷虛甲骨收藏之富，莫如上虞羅振玉叔言，蓋三萬片云。其餘散在諸家者，亦當以萬計。而駐彰德之某國牧師所藏，亦且近萬片。其拓墨影印成書者，有劉鶚之鐵雲藏龜十册；羅振玉之殷虛書契前編八卷，後編二卷，殷虛書契菁華一卷鐵雲藏龜之餘一卷。後英人哈同氏復購得劉鶚所藏之一部八百片，影印戩壽堂所藏殷虛文字一卷則多出鐵雲藏龜之外。所刻文字，皆殷王室所卜祭祀征伐行幸田獵之事故殷先公先王及土地之名，所見甚衆。又其文字之數，比三代鐘鼎彝器尤多且古；故裨益於古文之考證者尤大！惟事類多同，故文字亦有重複。劉鶚所印，未及編類；而羅振玉則分別部居，去其重複，選印稱最精純。此殷虛文字之影印也，其最先考釋者：瑞安孫詒讓仲容即鐵雲藏龜考其文字，於光緒甲辰成契文舉例二卷。雖創獲無多，而殷虛文字之考釋，實自此始。其後羅振玉之殷商貞卜文字考殷虛書契考釋殷虛書契待問編，海寧王國維靜菴之戩壽堂所藏殷虛文字考釋，先後成書。而殷人文字之獲考釋者，且什之五六焉。此實近二十年來治文字學者之一大成功也；故特表而出之。形制明而后言聲韻。

韻書始於魏晉。然生民之初，必先有聲音而後有言語，有語言而後有文字。詩歌之作，應在書契以前；但求其聲之叶，不求其文之工也。尚書非有韻之文也。夔之典樂，依永和聲；其聲韻之始乎。皋陶賡歌明良康喜起熙之詞，皆韻文也。商周風雅頌存於今者，蓋三百篇作詩者雖未必如今人之檢韻以求叶；然今人之考古音者，惟據詩三百及經子有韻之文足以互證。易象辭如「初筮告，再三瀆」之類，蓋屋沃古通也。爻辭如「需於血，出自穴」皆在屑韻。「長子帥師，弟子輿尸」。皆在支韻，則古今所同也。文言「同聲相應，同氣相求；水流濕，火就燥」，求燥同韻；與箕子麥秀歌相同。則古今適異也。禮記曲禮首章：「毋不敬，儼若思；安定辭，安民哉！」思辭哉同韻。其餘韻文散見於禮經之中者，則不可枚舉矣。儀禮士冠禮士婚禮之醮辭，周官考工記之梓人祭侯辭，栗氏量銘，皆有韻之文也。春秋左氏傳之筮辭童謠，與誦諺語，亦有韻之文也。故近世考古韻者，大抵取羣經有韻之文，折衷於詩三百；而後諦煌以上之元音，乃復顯於世。既，風雅寖聲；下降戰國，奇文鬱起，其離騷哉！考之屈宋之作，其音往往與三百篇合，而三百篇所無者，則又往往與周秦漢魏之歌謠詩賦合；其爲上古之音何疑。而荀子第二十六篇曰賦；有禮賦知賦雲賦蠶賦箴賦；鼎立於風騷之間，儻亦譚先秦古音者之所取資，而爲有韻文之大宗焉。至漢高皇大風之歌，漢武帝秋風之辭，以及魏武帝，橫槊賦詩，所用之韻，皆與今韻爲近；非若先秦以上之音詰屈聱牙也。文選錄漢魏人詩賦及箴銘頌讚之屬，其有韻之文，多於羣經諸子。而史游急就、焦氏易林，全書用韻，故考證漢韻，比考證經韻尤易。惜唐人自撰唐韻，漢人未嘗自撰漢韻也。鄭玄注六經，許愼撰說文，但云音某或讀若某而已。自後漢佛法行於中國，得西域胡書，能以十四字貫一切音，謂之婆羅門書。自是字母傳入中國。而樂安孫炎叔然作爾雅音義，乃創反語，而聲音之道備。蓋反語生於雙聲，雙聲生於字母。字母以一字貫衆字之音而等韻明。反語以二字定一字之音，而切韻出。切，卽反也。兩字互相切謂之反，取反覆之義，亦謂之翻；如同泰之反爲大通，桑落之反爲索郞，是也。兩字切一字，磨切而出聲謂之切；德紅之切東，徒紅之切同，是也。亦謂之紐。有正紐，有倒紐，有旁紐，不越一反。反也，切也，紐也，名異而實同。等韻之法，以若干母貫穿天下無窮之字，而切韻則以同母之字出切，以同韻之字定聲也。至魏，此事大行。王肅周易音用反語者十餘條。見陸德明經典釋文敍例王弼注易，亦有反切兩事。而高貴鄉公不解，反以爲怪異。自茲厥後，音韻鋒出。曹魏左校令李登撰聲類十卷，凡萬一千五百二十字。東晉安復令呂靜呂忱之弟撰韻集六卷，中宮商角徵羽各一卷。時音有五而聲末四也。南齊汝南周顒彥倫始作四聲切韻。

梁吳興沈約休文繼之，撰四聲譜；以爲：「在昔詞人，累千載不悟；而獨得胸襟，自謂入神之作；」而韵譜成矣！初沈約與陳郡謝朓玄暉，郎邪王融元長在齊永明時，以氣類相推；爲文皆用宮商，將平上去入四聲以此制韻，世呼永明體。獨梁武帝不好焉；問周捨（周顒之子）曰：「何謂四聲？」捨應聲曰：「天子聖哲。」然帝竟不甚遵用約；而四聲之說自此興也。夫漢人課籀隸，始爲字書，以通文字之學。江左競風騷，始爲韵書，以通聲音之學。然漢儒識文字而不識聲音，既昧造字之本。儻江左之儒，知縱有平上去入四聲爲韻譜，而不知衡有宮商角徵羽半商半徵七音爲字母，亦寧爲曉立韻之源？字母起自西域。後漢婆羅門書雖不傳；而釋藏譯經字母，自晉僧伽婆羅以下可考者尚十二家；然以之翻胡經，而未以制國音。紐字之圖，亦創沈約；見引於唐僧神珙四聲五音九弄反紐圖序者可證也。初吳郡顧野王希馮造玉篇，中載古切字要法之「因煙」「人然」「新鮮」「餳涎」「迎妍」「零連」「清千」「賓邊」「經堅」「神禪」「秦前」「寧年」「寅延」「眞氈」「娉偏」「澄陳」「平便」「擎虔」「輕牽」「稱燀」「丁顛」「興掀」「汀天」「精箋」「民眠」「聲羶」

『刑賢』『芬番』『文樠』『亭田』凡三十類；蓋即沈約紐字圖之所由本而爲後世言字母者之祖焉。乃宋儒鄭樵譏『江左之儒識四聲而不識七音』其然豈其然乎？獨沈約紐字之圖，不傳於後，爲可惜耳！然自秦漢之文，其音已漸戾於古。至東京益甚！而沈約作譜乃不能上据雅南，旁采騷子以成不刊之典；而僅按班張以下諸人之賦；曹劉以下諸人之詩所用之音，譔爲定本；於是今音行而古音亡，爲音學之一變！

隋文帝時，陸法言偕顏之推蕭該劉臻等八人，本沈約旨，共相撰集；是謂切韻，凡五卷，二百六部，萬二千一百五十八字。唐郭知元關亮薛恂王仁煦祝尚丘等因陸書遞有增益。元宗之世，有孫愐者乃以切韻爲謬，重爲刊正，別爲唐韻。唐僧神珙（或稱神珙六朝僧然据四聲五音九弄反紐圖序引南陽釋處忠撰元和韵譜此知神珙元和以後人）始定三十字母。後有僧守溫者益以六字。今所傳牙音『見』『溪』『羣』『疑』，即顧野王玉篇載古切字要法之『經堅』『輕牽』『擎虔』『迎妍』也。舌頭音『端』『透』『定』『泥』，即古切字要法之『丁顚』『汀天』『亭田』『寧年』也。舌上音『知』『徹』『澄』『娘』，即古切字要法之『眞氈』『稱燀』『澄陳』『迎妍』也。重唇音『幫』『滂』

『並』『明』卽古切字要法之『賓邊』『娉偏』『平便』『民眠』也。輕唇音『非』『敷』『奉』『微』，卽古切字要法之『芬蕃』非敷『文樠』奉微也。齒頭音『精』『淸』『從』『心』『邪』，卽古切字要法之『精箋』『淸千』『秦前』『新鮮』『餳涎』也。正齒音『照』『穿』『牀』『審』『禪』，卽古切字要法之『眞氊』『稱燀』『澄陳』『聲羶』『神禪』也。喉音『影』『曉』『喩』『匣』，卽古切字要法之『因烟』『興掀』『寅延』『刑賢』也。半舌音『來』，卽古切字要法之『零連』而半齒音『舌』則『人然』也。設以七音相配，則牙音者角，齒音者商，舌音者徵，喉音者宮，唇音者羽，半舌音者半徵，半齒音者半商。於是三十六母全而國音定也。迨宋眞宗以景德四年，詔陳彭年邵雍等校定切韻五卷，凡二萬六千一百九十四字，註十九萬一千六百九十二言；大中祥符四年書成，賜名大宋重修廣韻；以切韻亦名廣韻也。宋書藝文志皆載陸法言廣韵五卷則法言切韵亦兼廣韵之名故陳彭年等校定本增題大宋重修四本自是廣韻行而唐韵亡。然宋初徐鉉奉詔校許愼說文在重修廣韻以前；所用翻切，一從唐韵；是唐韵亡而不亡也。迨淸獻縣紀容舒遲叟作唐韻考五卷，以爲：『翻切之法，其上字必同母，下字必同部，謂之音和。間有用類隔之法者，亦僅假借其上字，而不假借其下字；因其翻切下一字，參互鉤稽，輾轉相證，猶可得其部分。』乃取說文所載唐韻翻切排比，析歸各類；乃知唐韻部分與大宋重修廣韻同。蓋唐韻之作，亦以刊正隋陸法言切韻；而法言切韻近始出土敦煌千佛洞石室；益以紀氏之唐韻考，而隋唐宋音韻變遷之迹可考也。至宋仁宗時，太常博士直史館宋祁，太常丞直史館鄭戩等建言：『陳彭年邱雍所定廣韻，多用舊文，繁略失當。』因詔祁戩與國子監直講賈昌朝王洙同加修定；刑部郎中知制誥丁度禮部員外郎知制誥李淑爲之典領；凡成書十卷；中平聲四卷，上去入各二卷，共五萬三千五百二十五字，視重修廣韻增二萬七千三百三十二字；是字如孳乳寖多，音韻亦寖多矣！蓋卽世所傳切韻云。世又傳有夏縣司馬光君實切韻指掌圖者，序稱：『仁宗詔丁度李淑增崇韻學，自許叔重而降，凡數十家，總爲集韻。余得旨繼纂其職。書成上之，有詔頒焉。』則是集韻成於司馬光之手也。又考之切韻指掌圖序：司馬光蓋因纂集韻，科別淸濁，成切韻指掌圖二卷；大指以三十六字母，總三百八十四聲，別爲二十圖；取同音同母同韻同等四者皆同，謂之音和。取唇重唇輕舌頭舌上齒頭正齒三音中清濁同者，謂之類隔。是音和統三十六字母，類隔統唇齒舌等二十六母也。同歸一母，則爲雙聲。同出一韻，則爲疊韻。同韻而分兩切者，謂之憑切。同音而分兩韻者，謂之憑韻。辨開闔以分輕重，審輕重以訂虛實。言等韻者宗焉。或者以爲切韻指掌圖非司馬光作。獨等韻之說，自後漢與佛經俱來。然隋書僅有十四音之說，而不明其例。華嚴四十二字母，亦自爲梵音，不隸以中國之字。而神珙之圖，附載玉篇；僅粗舉大綱，具體而微。其有成書傳世者，僅光此圖與四聲等子爲最古。四聲等子，或出遼僧行均，而此圖疑南宋人依托集韻，襲四聲等子之所作；不必出光手筆也。然閩縣孫奕景山作示兒編辨不字作逋骨切，一則曰『今以司馬公之切韻考之，』再則曰『自溫公之圖出而音始定。』知宋人信圖爲光之作，而據以爲定韻之張本矣。廣韻集韻雖爲敕修之書；然仁宗以還頒學宮而遵行者，蓋不爲廣韻集韻而爲禮部韻略。特禮部韻略有二本：其一曰附釋文互註禮部韻略者；仁宗時刑部郎中知制誥丁度奉敕撰也。其一曰增修互註禮部韻略者，南宋時衢州免解進士毛晃父子所增修也。宋初程試，用韻漫無章程；故閩士至有以『天道如何，仰之彌高』叶韻者。至仁宗敕撰此書，雖專爲科舉設；而字之去取，既經廷評，又付公論，故較他韻書特謹嚴然收字頗狹，止九千五百九十字；著爲令式，迄南宋不改。毛晃蒐采典籍，依韻增附，幷釐訂音義字畫之誤，凡增訂四千八百三十一字；其子居正續拾所遺，復增一千四百二十字；即所謂增韻者是也。父子相繼，用力頗勤；但不知古今文字音韻之殊；往往以古音入律詩，借聲爲本讀；或以引漢律，斷唐獄少之，不古不今，殊難依據！徒以便於程試，遵用頗廣；亦利祿之途則然！然而韻書規模未大變也。自金韓道昭據廣韻集韻撰五音集韻；始以七音四等三十六母顛倒唐宋之字紐，而韻書一變。金王文郁增併禮部韻略成平水韻略；南宋劉淵因之，刻淳祐壬子新刊禮部韻略；始以上下平各十五，上去各三十，入聲十七，合一百七部，合併唐宋之二百六部，而韻書又一變。嘉定錢大昕曰後人往往以平水爲劉淵考元槧平水韻略卷首有河間許古序乃知平水韻王文郁所撰後題正大六年己丑則文郁書成於金哀宗時非宋人也劉淵刊王文郁平水韻略而去其序故萊公終以劉淵所撰也茲从其說至元昭武熊忠子中撰古今韻會舉要三十卷，字紐遵韓道昭法，部分遵王文郁例，兼二家所變而用之，而韻書舊第至是盡變無遺；而其力排歷來韻書之江左吳音，則尤爲後來洪武正韻之所本。然而歷來韻書之造作不經，罔有過於洪武正韻者也！洪武正韻者，蓋明太祖敕翰林侍講學士樂韶鳳宋濂等纂修；其注釋一以毛晃父子增韻爲稾本；書成於洪武八年，而宋濂奉敕爲之序；大旨斥沈約爲吳音，一以中原之韻更正其失，併平上去三聲各爲二十二部，入聲爲十部；於是古來相傳之二百六部，併爲七十有六焉。然考隋書經籍志載沈約四聲一卷，新舊唐書皆不著錄，是其書至唐已佚；而唐以來之唐韻廣韻集韻諸韻書，皆以陸法言切韻爲藍本。濂序乃以陸法言以來之韻，指爲沈約；殊爲失據！而陸法言切韻序則明明載「開皇初，儀同劉臻等八人同詣法言，論及音韻；以今聲調既自有別，諸公取捨亦復不同。吳楚則時傷輕淺。燕趙則多傷重濁。秦隴則去聲爲入。梁益則平聲似去。江東取韻，與河北復殊；因論南北是非，古今通塞，欲更捃選精切，除削疏緩。蕭顏多所決定。魏著作謂法言曰：『向有論難疑處，悉盡我輩數人定則定矣。』法言卽燭下握筆，略記綱紀。」今廣韻之首列同定八人，其中劉臻沛國相人；顏之推琅邪臨沂人；盧思道范陽涿人；蕭該蘭陵人；辛德源隴西狄道人；薛道衡河東汾陰人；而陸法言則臨漳人；其人有南有北，且北人多而南人少；則非惟韻不定於吳人；而序中『江左取韵』諸語，且亦明斥吳音之失；安得復指爲吳音。濂在明初；號爲宿學，寧知誣妄不經若此！蓋明太祖既欲重造韻書以更古人；如不誣古人以罪，則改之無名！濂亦曲學阿世，强爲舞文耳！然終明之世，竟不能行於天下。則是是非之心，終有不可奪者！元明以來，朝廷頒行學宮之韻書，蓋一以南宋劉淵重刊王文郁平水韻略爲藍本。於是宋韻行而唐韻亦亡，爲隋唐以來音學之又一變！而音韻名家，則專以討論古音爲功；諭平水韻略曰今韻，以爲今古音淆，無所用之也。南宋以降，專著一書以辨明古音者，蓋自武夷吳棫才老始也。考棫之著書，有詩補音楚辭釋音韻補三種。其詩補音楚辭釋音，類能依據本文，互相比較，推求古讀。朱子注詩釋騷有取焉；書佚不傳。獨傳韻補五卷，乃牴牾百端！然後來言古音者，皆從此而推闡加密；蓽路之功，不可沒也。厥後用吳棫韻補之例而蒐采賅備者，則有明新都楊愼升庵之古音叢目古音獵要古音餘古音附錄四書；雖各爲卷帙，而核其體例，全仿吳棫韻補，以今韻分部而分隸以古音之相協者，知本爲一書。顧愼之讀書雖多於棫而韻學亦疏，故援據秦漢古書頗繁富，而時時舛漏牴牾，與棫同譏。然愼撰古音略例一卷，取易詩禮記楚詞老莊荀管諸子有韻之詞，標爲略例。若易例『日昃之離』離音羅，與歌嗟爲韻。『三歲不覿』覿音徒谷切，與木谷爲韻。『並受其福』福音偪，與食汲爲韻。『吾與爾靡之』靡音磨，與和爲韻。詩『嘒彼小星，惟參與昴』昴音旄；下文『抱衾與裯』裯音調；『寔命不猶』猶音搖；昴裯猶爲韻；咸於古音有據。而愼又謂「吳棫於詩『棘心夭夭，母氏劬勞』勞必叶音僚。『我思肥泉，兹之永歎』歎必叶他涓切。……不思古韻寬緩，如字讀，自可叶；何必勞唇齒，費簡册！」其論亦頗足糾正吳棫之說，而視古音叢目四書實爲勝焉。然掇拾成書，有離有合，終不如清儒崑山顧炎武寧人婺源江永愼修諸人之能本末融貫也。顧炎武作音學五書，江永作古韻標準，以經證經，推究古音，始獨探本眞，廓清妄論，而開除先路，則明連江陳第季立撰毛詩古音考四卷，實爲首功；大恉以爲古人之音，原與今異。凡今所稱叶韻，皆卽古人之本音；非隨意改讀，輾讀牽就。如『母』必讀『米』，『馬』必讀『姥』，『京』必讀『疆』，『福』必讀『偪』之類；歷考諸篇，悉截然不紊。又左國易象離騷楚詞秦碑漢賦以至上古歌謠箴銘頌讚，往往多與詩合，可以互證。於是排比經文，參以羣籍，定爲本證旁證二條。本證者，詩自相證，以探古音之源。旁證者，他經所載以及秦漢以下去風雅未遠者，以竟古音之委；而采易獨詳者，以時世近而音聲同也。鈎稽參驗，所列四百四十四字，言必有徵；視宋儒執今韻部分，妄以通古音者，相去蓋萬萬矣！此書卷帙無多；然欲求古韻之津梁，舍是無由也。第既撰毛詩古音考，復以楚詞去風人未遠，亦古音之遺；乃取屈原宋玉所著騷賦三十八篇，韻與今殊者二百三十四字，推其本音，與毛詩古音考互相發明，成屈宋古音義三卷。惟每字列本證；旁證則間附字下，不另爲條，與毛書古音考體例小異，以前書已明故也。自陳第作毛詩古音考屈宋古音義，而古音之門徑始明。然創闢榛蕪，猶未及研求邃密；至顧炎武乃探討本原，推尋經傳，作音學五書，曰音論詩本音易音唐韻正古音表，大指持楊愼『古人韻緩不煩改字』，陳第『古詩無叶韻』之說。詩本音但卽本經所用之音互相參考；每詩皆全列經文，而註音句下；與今韻合者註曰廣韻某部；與今韻異者卽註曰古音某；大抵密於陳第而疎於江永；故永作古韻標準，駁正炎武者頗多；然合者十九，不合者十一。南宋吳棫以來古韻叶讀之謬論，至此始一一廓清，厥功尤鉅！自序謂『潛心廣韻，發悟於中而旁通其說；於是據唐韻以正宋韻之失，據古經以正沈約唐韻之失，而三代以上之音，部分秩如；乃列古今音之變而究其所以不同，爲音論三卷；考正三代以上之音，注三百五篇，爲詩本音十卷，注易爲易音三卷；辨沈氏部分之誤，而一一以古音定之，爲唐韻正二十卷；綜古音爲十部，爲古音表二卷。自是而六經之文乃可讀；其他諸子之書，離合有之，而不甚遠。』誠哉有味言之也！然炎武之治古音，蓋一以廣韻爲依據；而廣韻者，雖今韻之宗；其以推迹古音，猶從部次。故炎武據廣韻二百六部，作唐韻正古音表，始分古韻爲十部。東冬鍾江第一支脂之微齊佳皆灰咍第二魚虞模侯第三眞諄臻文殷元魂痕桓刪山仙第四蕭宵肴豪幽第五歌戈麻第六陽唐第七耕清香第八蒸登第九侵覃談鹽添咸銜嚴凡第十而支韻半屬第二半屬第六尤韻半屬第二半屬第五麻韻半屬第六半屬第三庚韻半屬第七半屬第八又入聲四部質櫛術物迄月沒曷末黠鎋屑薛麥錫職德屬第二部兼屋昔二韻字屋燭鐸陌昔屬第二部兼沃覺藥麥四韻字沃覺藥屬第五部兼屋鐸錫三韻字緝合盍葉帖洽狎業之屬第十部然江永訂其於三百篇所用有未合者，作古韻標準，分十三部；第一部東冬鍾江第二部支脂之微齊佳皆灰咍分尤韻字屬焉第三部魚虞模分麻韻字屬焉第四部眞諄臻文殷魂痕分先韻字屬焉第五部元寒桓刪山先仙第六部蕭宵肴豪第七部歌戈麻分支韻字屬焉第八部陽唐分庚韻字屬焉第九部庚清耕青第十部蒸登第十一部尤侯幽分虞蕭肴宵豪韻字屬焉第十二部侵分覃談鹽韻字屬焉第十三部覃談鹽添咸嚴銜凡又入聲八部第一部屋沃燭覺第二部質術櫛物迄分屑薛韻字屬焉第三部月曷末黠鎋屑薛第四部藥鐸分沃覺陌麥昔錫韻字屬焉第五部麥昔錫第六部職德分麥韻字屬焉第七部緝分合葉洽韻字屬焉第八部合盍第葉帖業洽狎乏惟以詩三百篇爲主，謂之詩韻；而以周秦以下音之近古者附之，謂之補韻；視諸家界限較明。其弟子休寧戴震東原受韻學於江氏，而復古之志益銳，力辨反切始于孫炎，不始神珙；撰聲韻考，分爲七類，後作聲類表，分九類；一平聲歌戈麻魚虞模入聲鐸二平聲蒸登之咍入聲職德三平聲東冬鍾江尤侯幽入聲屋沃燭覺四平聲陽唐蕭宵肴豪入聲藥五平聲庚耕清青支佳入聲陌麥昔錫六平聲眞臻諄文欣魂痕先脂微齊皆灰入聲質術櫛物迄沒屑七平聲元寒桓刪山仙去聲祭泰夬廢入聲月曷末黠鎋薛八平聲侵鹽添入聲緝九平聲覃談咸銜嚴凡入聲合盍葉帖業洽狎乏而以喉一類鼻二三四五類舌六七類脣八九類四音分收九類焉。至金壇段玉裁懋堂作六書音均表，乃分古韻爲十七部；第一部之咍第二部蕭宵肴豪第三部尤幽第四部侯第五部魚虞模第六部蒸登第七部侵鹽帖第八部覃談咸銜嚴凡第九部東冬鍾江第十部陽唐第十一部庚耕清青第十二部眞臻先第十三部諄文欣魂痕第十四部元寒桓刪山仙第十五部脂微齊皆灰第十六部支佳第十七部歌戈麻入聲八部職德屬第一部屋沃燭覺屬第三部藥鐸屬第五部緝葉帖屬第七部合盍洽狎業乏屬第八部質櫛屑屬第十二部術物迄月末曷沒黠鎋薛屬第十五部陌麥昔錫屬第十六部別支佳爲一，脂微齊皆灰爲一，之咍爲一；職德者之之入；術物迄月沒曷末黠鎋薛者，脂之入；陌麥昔錫者，支之入；自唐虞至陳隋有韻之文無不印合；而歌麻近支，文元寒刪近脂，尤幽近之，古音今音皆可得其條貫；自以爲泛濫毛詩，理順節解，因其自然，足補顧炎武江永二家部分之未備也。曲阜孔廣森撝約自以生陳第顧炎武之後，辨去叶音，識所指歸；而据段玉裁六書音均表折衷諸家，疏通證明；卽廣韻以爲柢，指毛詩以爲正；而知聲者，從其偏旁而類之者也。文字雖多，類其偏旁不過數百；苟不知推偏旁以諧衆聲，雖偏引六經諸子之韻語，而字終不能盡也。乃卽偏旁之見于詩者而類之，撰詩聲類，分十八部：曰元之屬，耕之屬，眞之屬，陽之屬，東之屬，冬之屬，侵之屬，蒸之屬，談之屬；是爲陽聲者九。曰歌之屬，支之屬，脂之屬，魚之屬，侯之屬，幽之屬，宵之屬，之之屬，合之屬；是爲陰聲者九。陰陽相配，可以對轉。自謂『獨抱遺經，研求豁悟，分陰分陽，九部之大綱；轉陽轉陰，五方之殊音；旁引博證，於嚮之不可得韵者，皆一以貫之，無牽强疑滯』也。大抵淸儒治音，竺志于古，而前修未密，後出轉精，發明對轉，孔氏尤殊勝也。若其整次五音，必本字母，舊云雙聲；而淸之學者，多精言韻，雙聲罕究；雖以顧炎武之好學不倦，而稽古有餘，審音或滯。江永復過信字母，奉若科律。段孔以降，含隱不言。獨嘉定錢大昕革楣差次古今，乃知舌上古歸舌頭，輕唇古讀重唇，扶服之爲匍匐，伏犧之爲庖犧，佛之如弼，繁之如鞶，敷之如布，……古讀輕唇如重唇之證也。中之如得，竺之爲篤，陳之如田，姪之讀徒結切，……古音舌上歸舌頭之證也。然後宮商有準，八風從律。斯則淸儒之治古音者，定韵莫察乎孔廣森，審母莫辨乎錢大昕；而有開必先，舍顧炎武莫屬；雖有損益，百世可知也！近儒餘杭章炳麟太炎又以爲孔廣森知陰陽聲相配之可以對轉，而不知陰陽聲同列之亦可旁轉；錢大昕知古音之舌上歸舌頭，輕唇歸重唇，而不知古音舌上娘母半齒日母之並歸舌頭泥母；於是作成均圖以推究孔氏未發之指；作古音娘日二紐歸泥說古雙聲說以究明錢氏未盡之蘊；具見國故論衡。亦可謂潛心古音，獨闡新義者也。聲韵明而后言訓詁。

時有古今，猶地有東西南北；相隔遠，則言語不通矣。地遠，則有翻譯。時遠，則有訓詁。有翻譯，則能使胡越如比鄰。有訓詁，則能使古今爲旦暮。詁者，古今之異言。訓者，謂字有意義也。訓詁之書，莫古爾雅。大戴禮孔子三朝記稱孔子敎魯哀公學爾雅，則爾雅之來遠矣！然不云爾雅爲誰作？據魏淸河張揖稚讓進廣雅表，稱周公著爾雅一篇。今俗所傳三卷，或言仲尼所增？或言子夏所益？或言叔孫通所補？或言沛郡梁文所考？皆解家所說，疑莫能明也。謂之爾雅者，爾，近；雅，正也；正者，虞夏商周建都之地之正言也。近正者，各國近於王都之正言也。語言因地域而殊，文字又隨語言而異。學者舉今語以釋古語，引方言以證雅言，猶之殊語之互相翻譯。班固謂『古文讀應爾雅，故解古今語而可知。』『子所雅言，詩書執禮。』雅言者，誦詩讀書，從周之正言，不爲魯之方言。而執禮者詔相禮儀，亦依雅言稱說，而不爲俚俗也。小雅大雅者，皆周詩之正言也。大戴禮小辨篇『爾雅以觀於古，足以辨言。』故曰：『爾雅者，所以總絕代之離詞，辨同實而殊號』者也。凡釋詁釋言釋訓釋親釋宮釋器釋樂釋天釋地釋丘釋山釋水釋草釋木釋蟲釋魚釋鳥釋獸釋畜十九篇。漢初，經始萌芽，爾雅嘗立博士，故蜀郡，揚雄子雲方言以爲孔子門徒解釋六藝；會稽王充仲任論衡亦以爲五經之訓故；然釋五經者不及十之三四。今觀其文，有取山海經者；有取穆天子傳者；有取管子者；有取尸子者；有取莊子列子者；有取國語者；有取楚辭者；大抵採周秦諸子傳記之名義訓詁以辨異同而廣見聞，寧祇爲解經作哉！以隸經部，實爲不倫也；是蓋古代訓詁學之權輿。漢人解經書有大小夏侯解故，詩有魯故齊后氏故齊孫氏故韓故毛詩故訓傳，杜林有蒼頡故，具載漢書藝文志；今其書皆不傳。惟揚雄之方言十三卷，北海劉熙成國之釋名八卷，厥爲後來言訓詁者所宗焉。然余考漢書藝文志及揚雄傳備載雄之著書，不及方言一字；而許愼說文解字引雄說，皆不見於方言；其義訓用方言者，又不言揚雄；至漢末應劭撰風俗通義序，始稱雄作，疑依托也。然據方語以釋雅言，正與爾雅釋詁『釋古今異言，通方俗殊語』之例相合。至劉熙釋名從音求義；以同聲相諧，推論稱名辨物之意；而去古未遠，可以推見古音古器物之遺；誠九流之津涉，六藝之鈐鍵，學覽者之潭奧，摛翰者之華苑也。魏明帝時，博士張揖繼兩漢經師之後，參考往籍，徧記所聞，凡萬七千三百二十六字，撰廣雅七卷；分別部居，依乎爾雅，凡所不載，悉著於篇；其自易書詩三禮三傳經師之訓，論語孟子鴻烈法言之注，楚辭漢賦之解，讖諱之記，倉頡訓纂滂喜方言說文之說，靡所不採；然後周秦兩漢古義之傳於後者，可據以證得失；而其散逸不傳者，亦藉以闚端緒；曰廣雅者，云廣爾雅所未及也；斯蓋幷爾雅方言說名三書驂駕而駟矣！後之言訓詁者，胥祟爲不祧之祖焉。漢魏之世，注爾雅者十餘家；可考見者，犍爲文學注三卷，劉歆注三卷，樊光注六卷，李巡注三卷，孫炎注三卷，五家而已。顧晉著作郎河東郭璞景純者，獨以諸家紛謬，多未詳備；乃綴集異聞，薈萃舊說，考方國之語，采謠俗之志，錯綜樊孫，博關羣言；事有隱滯，援据徵之；如

『遂憮大東』稱詩，『釗我周王』稱逸詩，所見尙多古本；蓋去漢未遠也；注多可據，後人雖迭爲補正，然宏綱大指，終不出其範疇也。自是璞注行而諸家悉廢。其後宋翰林侍講學士濟陰邢昺叔明于眞宗時，奉敕爲璞注作疏，多掇拾毛詩正義掩爲己說；惟其引證尸子廣澤篇仁意篇，則非今人所及睹；至犍爲文學樊光李巡之注，見唐吳縣陸元朗德明經典釋文者，雖多所遺漏；然疏家之體，惟明本注；注所未及，例不旁搜；此不得以咎昺也！宋儒之治爾雅者不尠：神宗時有山陰陸佃農師者，亦注爾雅；書不傳！今傳者所撰埤雅二十卷中釋魚三卷，釋獸三卷，釋鳥四卷，釋蟲二卷，釋馬一卷，釋木二卷，釋草四卷，釋天二卷；其釋諸物，大抵略于形狀者詳于名義；尋究偏旁，比附形聲，務求其得名之所以然；又推而通貫諸經，曲證旁稽，假物理以明其義；其所援引，多今未見之書；其推闡名理，亦往往精鑿。佃先以神宗召對，言及物性，因進說魚說木二篇，初名物性門類；後註爾雅，更撰此書，易名埤雅，言爲爾雅之輔也。迨宋之南渡，高宗時，有莆田鄭樵漁仲者撰爾雅注三卷，爲世所重。蓋南宋諸儒大抵崇義理而疏考證；獨樵以博洽傲睨一時；及其既也，乃肆作聰明，詆諆毛鄭，其詩辨妄一書，開數百年杜撰說經之捷徑；爲通儒之所深非！惟作是書，乃通其所可通，闕其所不可通；駁正舊文諸條，皆極精確，于說爾雅家爲善本！孝宗時，有歙縣羅願存齋者，撰爾雅翼三十二卷；中分草木鳥獸蟲魚六類，大致與陸佃埤雅相類，而引据精博，體例謹嚴，則遠在其上。其音釋，則元洪焱祖作也。焱祖，字潛夫，亦歙縣人。斯並于爾雅郭注邢疏之外，掇獲新解，別自名家者也！元明之儒，于訓詁學實疏；故罕以訓詁成一家言者！獨明宗室朱謀㙔欝儀者，號博極羣書，刺取古書文句典奧者，撰駢雅七卷，依爾雅體例，分章訓釋，自釋詁釋訓以至蟲魚鳥獸，凡二十篇；務求博洽，少泛濫矣！然奇文辟字，搜輯良多；擷其膏腴，于詞章要不爲無補也！嘗見貌爲漢魏文者，取駢雅置案頭，署其簽曰代字術，作文畢，則檢古字代入之，一舉筆而文不儕入古矣！此實文家之詞書；寧曰爾雅之支裔哉！其說以爲聯二爲一，駢異爲同，故名曰駢雅云。迨清興，樸學既章，古訓是式，言精研爾雅；厥有餘姚邵晉涵二雲之爾雅正義二十卷，休寧戴震東原之爾雅文字考十卷，嘉定錢坫獻之之爾雅古義二卷，爾雅釋地四篇注一卷，棲霞郝懿行恂九之爾雅義疏十九卷，歸安嚴元照九能之爾雅匡名十九卷，仁和翟灝晴江之爾雅補郭二卷，臨桂龍啓瑞翰臣之爾雅經注集證三卷，鹽城陳玉樹惕庵之爾雅釋例五卷；斯並補苴前哲，明發滯義，闡郭注之未備，糾邢疏之違牾，而循文順理，張其幽眇，郝疏最優！發凡起例，觀其會通，陳釋尤勝！若其究宣方言：有戴震之方言疏證十三卷，乃依揚雄書而爲之疏通證明者也。震又作轉語二十章，其自述曰：『人之語言萬變，而聲氣之微，有自然之節限。是故六書依聲托事，假借相禪，其用至博，操之至約。五方之言及小兒學語未淸者，展轉譌溷，必各如其位。昔人既作爾雅方言釋名，余以爲猶闕一卷，書剏爲是篇，用補其闕。疑於義者，以聲求之；疑於聲者，以義正之。』斯則曉音韻轉變之友紀，而通方言之指歸者矣！善哉！非耳順者孰能與於此乎！轉語書佚不傳。仁和杭世駿大宗乃採十三經注疏說文釋名諸書，以補揚雄方言之遺，成續方言二卷，前後類次，一依爾雅；蒐羅古義，亦裨訓詁；然撮錄字書，不麗今語，而不知考方言者，在求其難通之語，筆札常文所不能悉，因以察其聲音條貫，上稽爾雅方言說文諸書，敫然如析符之復合，斯爲貴也！嘉定錢大昕莘楣知古今方音不相遠，及其作恆言錄，沾沾獨取史傳爲徵，亡由闚見聲音文字之本柢！而翟灝之爲通俗篇，雖略及訓詁，亦多本唐宋以後傳記雜書，於古訓藐然亡麗；間撮一二，亦涸不由析也。獨近儒餘杭章炳麟太炎能徵漢魏之訓詁，而通以戴君之轉語，略籀今語，得其觚理；撰新方言十一卷，凡釋詞釋言釋親屬釋形體釋宮釋器釋天釋地釋植物釋動物，而殿以音表，得十一篇；方俗異語，摭拾略備；以今音證古音，參伍考驗，經之對轉迤轉，緯之正紐旁紐，以窮聲轉之原；蓋有誦讀占畢之聲，既用唐韻；俗語猶不違古音者；有通語既用今音；一鄉一州猶不違唐韻者；有數字同從一聲，唐韻已來，一字轉變，餘字則猶在本部，而俗語或從之俱變者；雖日不暇給，慮有遺剩；掓始之業，規模已閎；所謂知化窮冥，無得而稱者也！其他治釋名之學者，則有吳縣江聲艮庭之譔釋名疏證續釋名焉。治廣雅之學者，則有高郵王念孫懷祖之譔廣雅疏證焉。惟廣雅疏證二十三卷，其第十卷為念孫子引之伯申所補，父子相嬗，以成一家之言，尤為殫精竭慮！念孫謂『訓詁之旨本於聲音。故有聲同字異，聲近義同，雖或類聚羣分，實亦同調共貫』。因暢斯旨，撰廣雅疏證一書，不限形體，就古音以求古義，引伸觸類，擴充於爾雅說文之外，無所不達；然聲音文字部分之嚴，則一絲不亂；其或張揖誤採，博考以證其失；先儒誤說，參酌而寤其非。蓋念孫藉張揖之書以抒獨得，實多揖所不及知者！念孫既持『詁訓本於聲音』之論，以詔其子引之曰：「字之聲同聲近者，經傳往往假借。學者以聲求義，破其假借之字而論本字，則渙然冰釋。如因假借之字而强爲之解，則結䶢爲病矣！故毛公詩傳多易假借之字而訓以本字，已開改讀之先。至康成箋詩注禮，屢云『某讀爲某』，而假借之例大明。後人或病康成破字者，不知古字之多假借也。」又曰：『說經者，期得經意而已。前人傳注，不皆合於經，則擇其合者從之；其皆不合，則以已意逆經意，而參之他經，證以成訓；雖別爲之說，亦無不可。必專守一家，則爲何劭公之墨守而已。』故其治經也，諸說並列，則求其是；字有段借，則改其讀；蓋熟於漢學門戶，而不囿於漢學之藩籬也。引之推廣庭訓，遂成經義述聞十五卷，經傳釋詞十卷，精博無比。而經傳釋詞之作，則尤往古經師之所未曾有！蓋經傳中實字易訓，虛詞難釋。顏氏家訓雖有音辭篇，於古訓罕有發明。獨爾雅說文二書，解說古聖賢經傳之詞氣，最爲近古。然說文惟解『方』『曰』諸特造之字，而不解『而』『雖』等假借之字。爾雅所釋，未全讀者多誤，毛鄭不免，何況其餘！念孫貫通經訓，尤明詞氣；而引之克世其學，於前人之誤解者，獨能旁引曲喩以得本恉所在；使人頤解心折，歎爲確不可易，而又百思不能到；使古聖賢復生見之，亦必曰『吾言固如是，沿誤數千年，而今乃得明矣！』此誠不可不開之奧窔！儀徵阮元芸臺讀其書謂『恨不能起毛鄭孔諸儒而共證此快論』者也。阮元早歲與邵晉涵王念孫友，逮聞前訓，徵引羣書，譔經籍籑詁百六十卷，集古今詁訓之大成。錢大昕序其書曰：『有文字而後有訓詁。有訓詁而後有義理。詁訓者，義理所由出，非別有義理出於詁訓之外者也。』旨哉言乎！簒小學志第七。

民國二十五年四月印刷
民國二十五年四月發行

經學通志（全一册）

◎定價國幣八角

版權所有

著者　錢基博

發行者　中華書局有限公司　代表人　陸費逵

印刷者　上海澳門路　中華書局印刷所

總發行處　上海福州路　中華書局發行所

分發行處　各埠　中華書局